14,

STUDIO**P**APERBACK

HELLMUT LORENZ

Johann Bernhard Fischer von Erlach

Verlag für Architektur

Zürich · München · London

Verlag für Architektur
© 1992 Artemis Verlags-AG, Zürich
Printed in Germany
ISBN 3-7608-8132-7

Inhalt

Vorwort

Das vorliegende Buch sieht sich den Standards der «Studiopaperback»-Reihe verpflichtet und will in handlicher Kürze einen Überblick über das Schaffen Johann Bernhard Fischers von Erlach vermitteln sowie den Großteil seiner Werke in konziser Katalogform vorstellen. Der Schwerpunkt soll somit nicht auf der subjektiven Sicht des Autors, sondern auf dem Objekt der Studie liegen. Beim Thema «Fischer von Erlach» will dies auch besagen, daß die Darstellung durchaus absichtsvoll auf den Ergebnissen des Lebenswerkes von Hans Sedlmayr aufbaut, dessen Forschungen das heute gültige Bild vom Leben und Werk Fischers zu verdanken ist. Korrekturen und Ergänzungen durch neuere Studien wurden eingearbeitet, so daß der Leser hier mehr findet als nur eine verkürzte Version von Sedlmayrs Standardwerk in der Letztfassung von 1976. Darüber hinaus habe ich es als selbstverständliche Aufgabe angesehen, die schwer erträglichen deutschnationalen Akzentsetzungen Sedlmayrs mehr als nur oberflächlich zu eliminieren. Dies war in einem Ambiente, das von einer Renaissance «deutscher Werte» und erschreckenden Formen eines neuen Nationalismus geprägt ist, nicht immer einfach.

Meine Studien zum Thema sind von vielen Kollegen und Freunden angeregt und gefördert worden, unter denen ich Martin Engel, Erich Hubala, Jarl Kremeier, Zdeněk Kudělka, Irving Lavin, Stanisław Mossakowski, Věra Naňková und Wilhelm G. Rizzi hervorheben möchte. Die redaktionelle Arbeit wurde von Melanie Mertens mit unaufdringlicher Tüchtigkeit unterstützt. Fritz Hofer besorgte die effiziente Betreuung von seiten des Verlages. Meine Familie hat die Arbeit an diesem Buch mit geduldiger Nachsicht ertragen. Ihnen allen möchte ich herzlich danken, vor allem aber meiner Frau, die meine Studien nicht nur mit Verständnis begleitet, sondern darüber hinaus auch mit ihren fotografischen Fähigkeiten durch lange Jahre unterstützt und mitgetragen hat. Ihr sei dieses Buch daher gewidmet.

Berlin, im November 1991   *Hellmut Lorenz*

Benedikt Richter,
Medaille auf J. B. Fischer von Erlach, 1719.

Jugend und Studienzeit in Rom — bis 1686

Johann Bernhard Fischer – das Adelsprädikat «von Erlach» trat erst 1696 hinzu – wurde 1656 in Graz geboren. Sein Vater war Bildhauer, und in seiner gutgehenden Werkstatt hat Johann Bernhard zunächst auch dieses Handwerk gelernt.

Bereits in frühen Jahren – das genaue Datum ist nicht bekannt – trat Fischer eine langjährige Studienreise nach Italien an. Er hat darüber am Ende seines Lebens dem Maler Johann Ferdinand Schor berichtet, und dieser hat Fischers Aussagen knapp festgehalten: *«Es kame nemblich obgemelter Herr V Erlach in seiner jugendt als ein Bildhauer nacher Rom, konnte aber unter denen Romanischen Bildhauern sein Convenientz* (= eine befriedigende Beschäftigung) *nit finden, da wurde ihme geraten, sich beim H. Philippen Schor zu melden, als welcher sehr Villes zu thun habe… womit dann der fürtreffliche geist des H. V. Erlach gleich auch sich die Architectur bekant macht*[1]*.»* Zunächst war also eine weitere Ausbildung als Bildhauer vorgesehen, und erst sukzessive hat sich der junge Künstler auch mit der Baukunst vertraut gemacht, die später sein Hauptberuf werden sollte.

Der hier genannte Philipp Schor, Fischers erster Lehrer, ist als individuelle Künstlerpersönlichkeit kaum faßbar; er war wohl primär auch nur «Bestandteil» in der Werkstatt seines Vaters Johann Paul Schor *(Giovanni Paolo Tedesco)*. Diese Künstlertruppe war im Rom dieser Jahre mit nahezu allen wichtigen Ausstattungsarbeiten beauftragt[2]. Hier war die volle Bandbreite künstlerischen Gestaltens zu lernen, von Medaillen und Ornamenten bis zur kompletten Dekoration monumentaler Bauten, vom Entwurf bis zur handwerklichen Ausführung; zugleich eröffnete sich damit der Zugang zu den führenden Künstlern, mit denen Schor in Kontakt stand – allen voran Gianlorenzo Bernini –, sowie zur wichtigsten Ausbildungsstätte Roms, der renommierten «Accademia di San Luca», deren Vorsteher *(principe)* Schor bereits 1648 gewesen war.

Daß Fischer in Rom die Bild- und Bauwerke der Antike intensiv studiert hat, ist selbstverständlich. Er trat darüber hinaus bald auch in Verbindung zu dem humanistisch-antiquarischen Kreis um die hier im Exil lebende schwedische Königin Christine, vor allem zu Pietro Bellori (1615–1696) und Athanasius Kircher (1601–1680). Besonders der zwar antiquarisch-gelehrte, aber stets auch freie und phantasievoll-rekonstruierende Umgang mit antiker Architektur muß den jungen Künstler in diesem Zirkel nachhaltig beeindruckt haben. Nicht nur das Wissen um die historische Verankerung neuzeitlichen Bauens in den Regeln der Antike, sondern auch die Möglichkeit, sich innerhalb dieser Tradition kreativ zu entfalten, ohne sie als Fessel zu empfinden, hat Fischer hier gelernt. Es ist dies eines der Hauptthemen seines späten Stichwerkes *«Entwurff einer Historischen Architectur»*, zu dem der Künstler alle wichtigen Anregungen bereits in diesen frühen Jahren empfangen hat.

Daß daneben die «Moderne» des hochbarocken Rom nach der provinziellen Enge von Graz ein faszinierendes Studienobjekt war, liegt ebenfalls auf der Hand. Die frühen Werke Fischers nach seiner Rückkehr in den Norden zeigen denn auch klar, daß er sich mit der Kunst Borrominis oder Pietro da Cortonas, besonders aber den Werken Gianlorenzo Berninis intensiv vertraut gemacht hat. Da das Schor-Atelier mit Bernini eng zusammengearbeitet hat, ist es wahrscheinlich, daß Fischer den renommierten Künstler vor dessen Tod 1680 noch persönlich kennengelernt hat. Es ist – bei völligem Fehlen gesicherter Nachrichten – etwas müßig, darüber zu spekulieren, wie ein Lehrer-Schüler-Verhältnis zwischen dem alternden Cavaliere und dem jungen Scholaren aus Graz konkret ausgesehen haben könnte. Tatsache ist, daß Fischer nicht nur die Werke Berninis gründlich studiert hat – hier muß ihn besonders die verwandte Doppelbegabung Bildhauer-Architekt fasziniert haben –, sondern auch direkten Zugang zum Atelier und zu unveröffentlichten Projekten gehabt haben muß, wie etwa den nicht realisierten Entwürfen für den Louvre in Paris (Abb. 1).

Im unmittelbaren Umkreis Berninis hat sich auch jene «ganz auf Körper und Prospektwirkung gerichtete Auffassung von Architektur» (Sedlmayr) gebildet, mit der Fischer sofort nach seiner Rückkehr in den Norden reüssierte und die sein gesamtes Schaffen bis in die späten Jahre bestimmt und markant gegen die Baukunst seiner Zeitgenossen absetzt. Fischers Zeichenweise, die Art, wie er Gebäude konzipiert und dargestellt hat, zeigt dies eindringlich (Abb. 2 a–c). Fast immer steht die «scaenographia» und damit die unmittelbar vor Augen geführte Wirkung der Körper im Raum im Vordergrund und am Beginn des Planens, oft nur mit wenigen Strichen auf das Papier gesetzt. Die «akademisch»-planimetrischen Pflichtübungen wie Grundriß oder Aufriß sind stets nachgeordnet (weshalb auch Proportionsstudien traditionellen Zuschnitts an seinen Bauten etwas sinnlos sind und am Wesen seiner Architektur vorbeisehen).

Zweifellos hat der junge Künstler daneben aber auch reguläre Studien getrieben, und dies mit einiger Sicherheit im Bereich der «Accademia di San Luca», der damals führenden Schule der Künste in Rom. Hier waren alle bedeutenden Schüler und Nachfolger Berninis und Pietro da Cortonas als Lehrer tätig und haben die «großen» Ideen des römischen Hochbarock in die kleinere Münze des akademischen Lehrbetriebes umge-

1 G. L. Bernini, erstes Projekt für den Louvre, Paris.

2a–c) Skizzen zu Landgebäuden.

setzt; zugleich wurde hier aber auch die auf Antike und Renaissance gegründete klassische Tradition römischen Bauens nachdrücklich wachgehalten. Die Bedeutung dieser Akademie als lebendiger Umschlagplatz künstlerischer Ideen – gerade für die in großer Zahl in Rom studierenden transalpinen Künstler – ist erst vor kurzem erkannt worden[3]. In den jährlichen Abschlußarbeiten der Studenten sind jedenfalls nach entsprechenden Vorgaben der Lehrer durchaus moderne Ideen formuliert worden, die dann weit über Italien hinaus Verbreitung fanden. So etwa die prämierten Projekte des Jahres 1677 für eine Kuppelkirche (Abb. 3a, b), in denen Anregungen von Bernini (St. Peter) oder Rainaldi (Sant'Agnese in Piazza Navona) weiterverarbeitet, zugleich aber markant umgeformt worden sind.

In dieser Umformung lagen jedoch Entwicklungsimpulse: Jean Baptiste Matheys Kuppel der Prager Kreuzherrenkirche (ab 1679) und Fischers Karlskirche (ab 1715) haben diesem Ideen-Pool der römischen Akademie ebenso ihre Anregungen zu verdanken wie Nicodemus Tessins Kirchenprojekt für den Stockholmer Norrmalmstorg (um 1712) oder Filippo Juvarras Kirche der Superga bei Turin (ab 1715)[4]. Mußte man bisher in mühsamen Hilfskonstruktionen versuchen, Querverbindungen zwischen diesen hochbedeutenden Bauten herzustellen, um ihre Form plausibel zu erklären, so ist nun der Sachverhalt klar: alle diese Künstler waren in den siebziger Jahren des 17. Jahrhunderts oder später in Rom gewesen und haben von hier ihre Anregungen bezogen.

3a–b) C. Desgot, S. Chupin: Projekte für Kuppelkirchen an der römischen «Accademia di San Luca», 1677.

Im Rahmen der Akademie konnte Fischer dann auch die damals modernste französische Architektur intensiv kennenlernen; mit Mattia de Rossi war jener Schüler Berninis hier tätig, der ihn 1665 nach Paris begleitet hatte und weiterhin den Kontakt zur französischen Metropole hielt, die Akademie selbst hatte sich – übrigens mit durchaus absichtsvoller kulturpolitischer Zielsetzung – 1676 mit der französischen Akademie in Rom («Académie de France») vereinigt; so waren denn etwa auch alle Preisträger des oben erwähnten «concorso» von 1677 Franzosen.

Bislang hat man die für Fischers Architektur so kennzeichnende Verbindung zwischen Motiven der französischen Frühklassik und des römischen Hochbarock fast ausschließlich seinem Ingenium oder aber – in nationalem Überschwang – zunächst einer deutschen, später dann einer angeblich spezifisch österreichischen Fähigkeit zur Synthese zugeschrieben. Mutmaßungen solch seltsamer Art können nun beiseitegestellt werden; als historisch richtiger Ort dieser Synthese erweist sich das Umfeld der «Accademia di San Luca». Die hier gefundenen Lösungen, wie zum Beispiel das von Fischer leitmotivisch immer wieder variierte «Lust-Garten-Gebäude» (vgl. Abb. 20–25), sind für die gesamte Barockkunst nördlich der Alpen von Bedeutung geworden, und in diesem Ausbreitungsprozeß hat dann neben anderen – wie etwa dem schwedischen Hofarchitekten Nicodemus Tessin dem Jüngeren – eben auch Fischer von Erlach eine führende Rolle gespielt.

Wir kennen also das Umfeld recht gut, in dem sich der junge Künstler sicher ein Jahrzehnt, wahrscheinlich sogar noch länger, aufgehalten hat. Über erste eigene Werke in dieser Zeit liegen hingegen kaum Informationen vor. Gesichert sind Entwürfe für Medaillen von 1679 und 1682 (Abb. 4), wenig bedeutende Gelegenheitsarbeiten, aus denen immerhin die Vertrautheit mit der Kunst Berninis deutlich wird. Mit großer Wahrscheinlichkeit kann man ihm die eine oder andere Zeichnung zuschreiben, wie etwa ein

4 Medaillen auf Karl II. und Maria Ludovica von Spanien, 1682.

Studienblatt nach der päpstlichen Villa Rospigliosi in Lamporecchio (Abb. 5): Der Bau war ab 1669 nach Ideen Berninis in vereinfachter Form von Mattia de Rossi errichtet worden und ist graphisch in jener Form inszeniert, die später bei Fischer (etwa in den Stichen der «Historischen Architektur») zum Topos werden sollte.

Daß Fischer durch seine römische Studienzeit nachhaltig geprägt worden ist und daß er aus dem Fundus der hier gewonnenen Erfahrungen – besonders der Kunst Berninis – sein Leben lang geschöpft hat, ist längst erkannt worden. Dies war freilich keine zwangsläufig so ablaufende Entwicklung, denn in Rom haben in denselben Jahren mehrere junge Architekten ihre Studienzeit zugebracht, dabei aber jeweils grundlegend andere Erfahrungen sammeln und zu einem von Fischer sehr unterschiedlichen Stil finden können. So hat etwa Charles Augustin d'Aviler, einer der französischen Preis-

5 Studienblatt nach der Villa Rospigliosi in Lamporecchio.

träger im Wettbewerb der Akademie von 1677, aus diesem «Angebot» vorrangig die akademisch-lehrhafte Tradition aufgegriffen und sich später durch eine weitverbreitete Neufassung der Säulenordnungslehre Vignolas als Theoretiker profiliert. Wiederum anders reagiert der wenig ältere Lucchese Domenico Martinelli (1650–1718) – für unser Thema ein besonders aufschlußreicher Vergleich, da er 1690 nach Wien berufen wurde und dort ein gewichtiger Konkurrent Fischers geworden ist[5]. Er war 1678 nach Rom gekommen und hatte hier ab 1683 an der Akademie Architektur unterrichtet. Diese jungen Künstler sind also zur selben Zeit vor demselben künstlerischen Erfahrungshorizont herangewachsen – und doch hat jeder von ihnen hier etwas sehr anderes «gelernt». Für Fischer war etwa an der oben erwähnten Villa in Lamporecchio (Abb. 5) der dahinterstehende «concetto» Berninis wichtig, der in der dreidimensionalen Akzentuierung des Baukörpers noch zum Ausdruck kommt (Fischers Studie betont diese Qualitäten durch die Schrägstellung des Baues in seiner Zeichnung), aber auch im großen längsovalen Saal im Inneren, der nach Berninis Vorstellung wohl am Außenbau als konvexer Risalit in Erscheinung treten sollte. Martinelli hat diesen Bau ebenfalls studiert, sich dabei aber mehr für die strenge, blockartige geschlossene Ausführung durch Mattia de Rossi interessiert und dies dann in seinem weiteren Schaffen aufgegriffen und weiterverarbeitet.

Wenn Fischers Kunst also im folgenden als konsequente Weiterführung der Formensprache Berninis erscheint, so ist dies kein Prozeß, der in naturgesetzhafter Zwangsläufigkeit nur so und nicht anders ablaufen konnte, sondern vorrangig auch Ergebnis einer gezielten Auswahl aus den verschiedenen Anregungen durch den jungen Künstler. Dabei hat sein primäres Interesse als Bildhauer eine Rolle gespielt, sicher aber auch eine hier geschulte, aber gar nicht wirklich erlernbare Begabung für dreidimensionales Gestalten. Das «Römische» der Kunst Fischers ist jedenfalls vom «Römischen» der Architektur seines Konkurrenten Martinelli grundverschieden.

Erste Werke nördlich der Alpen

Fischer war um 1686 in seine Heimat zurückgekehrt und hatte sich nach einem nur kurzen Intermezzo in seiner Geburtsstadt Graz nach Wien gewandt. Schon in Graz war er mit dem Kaiserhof als Auftraggeber zumindest indirekt in Kontakt gekommen und wird durch adelige Bauherren, besonders die Familie Dietrichstein, weiterempfohlen.

In Wien, der Metropole des «Heiligen Römischen Reiches Deutscher Nation», war in den Jahren nach der erfolgreichen Abwehr der Türkenbelagerung von 1683 ein rascher Aufschwung des künstlerischen Schaffens und damit enormer Bedarf an gut und «modern» – das heißt nach überregionalen Standards – ausgebildeten Künstlern gegeben. Fischer hat hier zunächst atemberaubend schnell Karriere gemacht; die Kunde von einem begabten jungen Mann, der die Kunst Roms aus jahrelanger eigener Anschauung kannte, muß sich rasch herumgesprochen haben. Die in geradezu ehrfurchtsvollem Ton gehaltene Anfrage des Grafen Michael Althan von 1688, *«ob derjenig, so bey dem Cavaglier Bernini 16 Jahr sich aufgehalten, Fischer heysse»*[6], ist ein beredtes Beispiel für die Erwartungshaltung der transalpinen Auftraggeber zu dieser Zeit. Gefragt waren Künstler, die mit der «magnificenza» der Kunst Italiens vertraut waren, die der Adel auf seinen obligatorischen Bildungsreisen («Kavalierstouren») kennen und schätzen gelernt hatte. Und im Habsburgerreich war in den Jahren um 1700 der Adel die tonangebende Mäzenatenschicht; es war zunächst nicht der Kaiserhof, sondern es waren die in der Folge des Dreißigjährigen Krieges zu Macht und Geld gekommenen «großen» Adelsfamilien, die die entscheidenden Aufträge zu vergeben hatten. Sowohl in der Metropole Wien selbst als auch auf ihren weitläufigen Besitzungen in Österreich, Böhmen und Mähren standen große Bauvorhaben an.

Fischer konnte mit seinen ersten Werken den in ihn gesetzten Erwartungen zunächst durchaus erfolgreich entsprechen. Die versatile Arbeit im Atelier der Schors trug Früchte und machte es ihm leicht, für viele Auftraggeber auf verschiedenen Gebieten tätig zu sein. Er entwarf Stuckdekorationen und Denkmäler, Schloßbauten und Parktore, Vasen und Stallungen, Gartencasinos und Medaillen, Altäre und Brunnen, selbst ein *«über die Maßen woll ausgearbeitetes Tabakh-bixl»* findet sich unter den frühen Werken. In jugendlichem Sturm und Drang nahm der Künstler die unterschiedlichsten Aufträge an; schon bald wurden jedoch die Grenzen dieser etwas hektischen Tätigkeit und des Strebens sichtbar, partout etwas *«Ungemeines»* – so die für sein künstlerisches Selbstverständnis sehr aufschlußreiche Absichtserklärung bei der Wiener Pestsäule – schaffen zu wollen.

Daß sein Entwurf für «Schönbrunn I» von 1688 unrealisiert blieb, muß vorhersehbar gewesen sein; denn er ist als ein weitgehend utopisches Schreibtischprojekt konzipiert, das seine Wirkung zuvorderst in der eindrucksvoll inszenierten Perspektivansicht

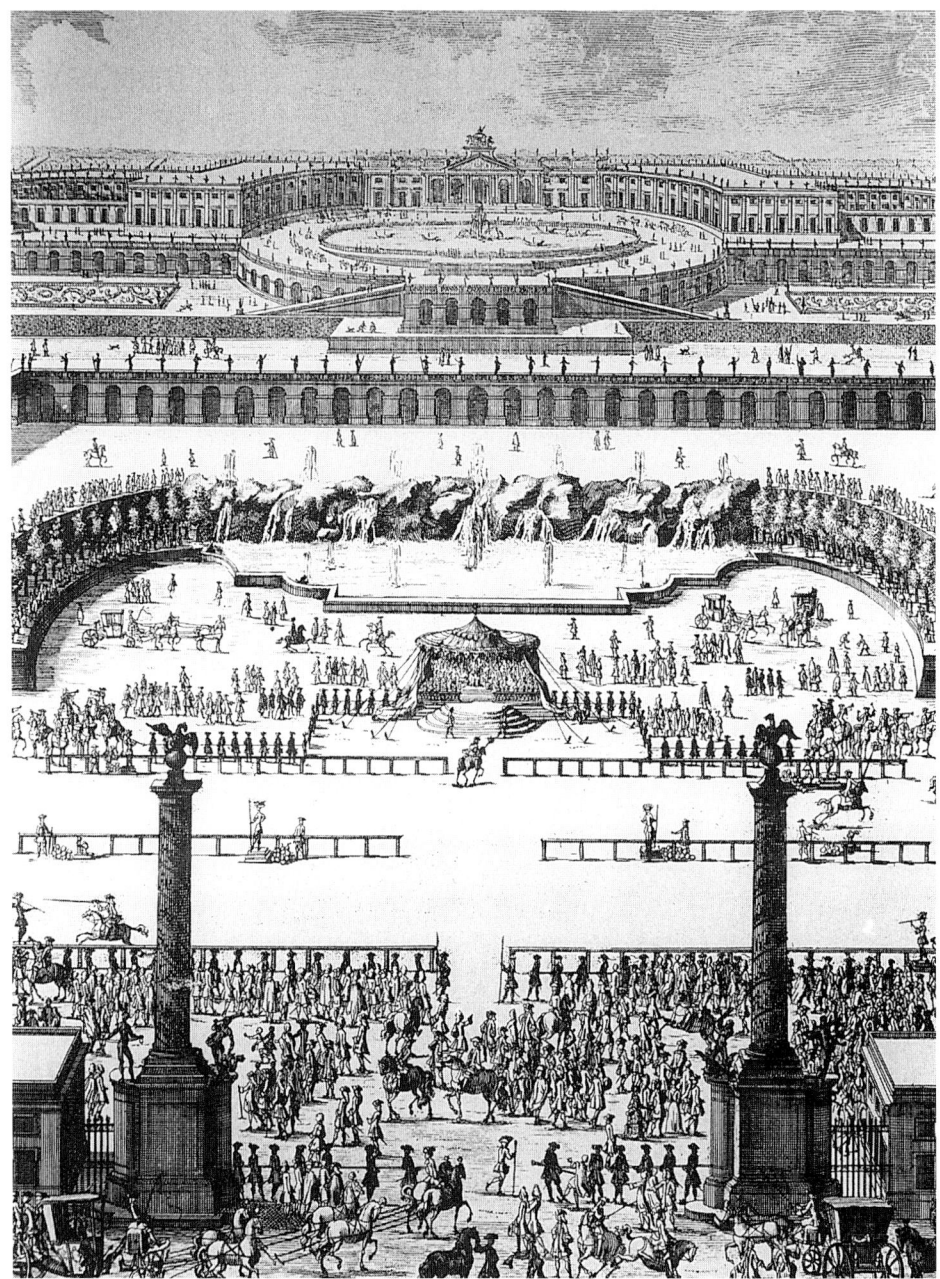

6 Erster Entwurf für Schönbrunn, Ausschnitt («Historische Architektur», Bd. IV, Tf. 2).

(Abb. 6, 50) entfaltet und gar nicht auf Realisierung hin angelegt ist. Das zumeist ziemlich überschätzte Präsentationsstück wurde in den unerfreulichsten Jahrzehnten unseres Jahrhunderts zum Hauptwerk eines sogenannten «Reichsstiles» hochstilisiert[7], der sich heute freilich kaum als eine tatsächliche historische Realität darstellt, sondern mehr als ein zeitgeschichtlich bedingtes Artefakt oder Wunschbild der Forschung. Richtig gesehen ist dabei aber in jedem Fall, daß hier der einzige Versuch vorliegt, der nach der

7 Entwurf für ein «Landgebäude».

8 Entwurf für die Josephskirche in Prag (nach Ideen von Abrahamo Paris).

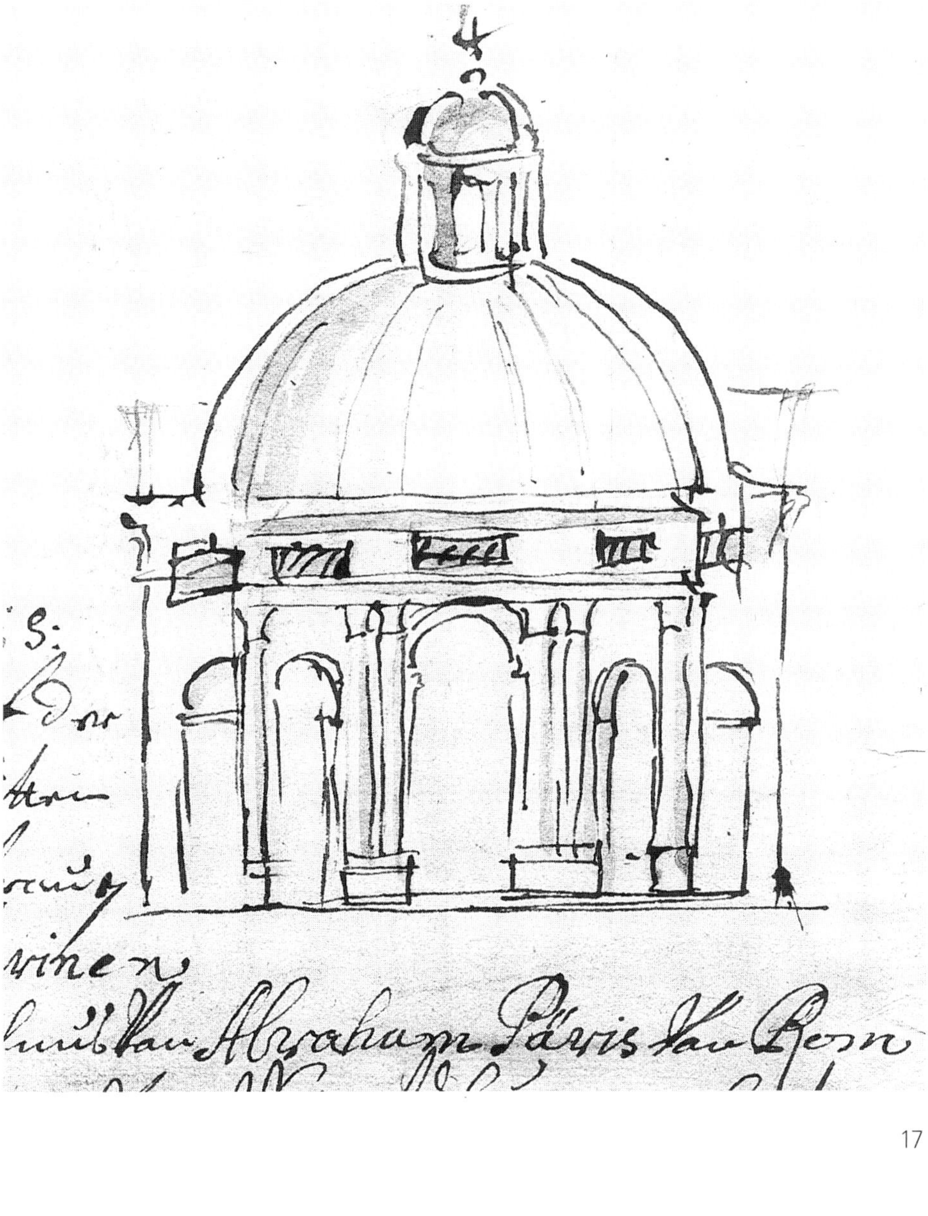

erfolgreichen Türkenabwehr gestärkten Position des «Heiligen Römischen Reiches» architektonischen Ausdruck zu verleihen.

Schon größer muß die Enttäuschung Fischers darüber gewesen sein, daß sein glanzvolles «Lust-Garten-Gebäude» (vgl. Abb. 53) von Fürst Liechtenstein, dem damals einflußreichsten adeligen Bauherrn, abgelehnt wurde. Möglicherweise für denselben Auftraggeber war auch das «Landgebäude» gedacht (Abb. 7, 58), ein etwas hybrides Projekt, das die Schönheit klar definierter Baukörper in der Landschaft zelebriert, auf funktionale Gesichtspunkte jedoch kaum Rücksicht nimmt. Wie etwa eine praktikable Raumfolge im Inneren des Zylinders entwickelt werden kann, bleibt ebenso unklar wie die Antwort auf die Frage, wie die Kutsche auf die balustradenlose Terrasse gelangt sein könnte. Fürst Liechtenstein war kein kleinlicher Mäzen, er hat jedoch – was man verständlich finden kann – auf die Benutzbarkeit der von ihm in Auftrag gegebenen Bauten geachtet. Da Fischer sichtlich nicht gewillt war, sich den Wünschen des Auftraggebers unterzuordnen, kommt es 1690 zum Bruch mit diesem wichtigen Bauherrn.

Fischer konnte freilich den Ausfall dieses frühen Förderers leicht verkraften; er war an andere adelige Mäzene weitervermittelt worden wie die Grafen Althan und Thun, hat 1691 in Prag mit einem «römischen» Kirchenprojekt reüssiert (Abb. 8)[8], und zudem waren ihm erfolgreiche Kontakte zum Kaiserhaus eröffnet worden. 1689 erfolgte seine Ernennung zum Architekturlehrer des Thronfolgers Joseph; in dieser Position konnte er große Aufträge vom Hof erwarten. Das triumphale Echo auf seine Wiener Ehrenpforten von 1690 wird den nunmehr 34jährigen Künstler in seiner Ansicht bestätigt haben, mit seiner genialisch-selbstbewußten Art auf dem richtigen Weg zu sein.

Das «große Jahrzent» 1690 – 1700

Trotz dieser Erfolge mußte das Scheitern bei Fürst Liechtenstein für Fischer eine Warnung sein; denn an seine Stelle war hier nun der eben erst (1690) aus Rom nach Wien geholte Akademielehrer Domenico Martinelli getreten – der Fürst rühmt ihn 1693 als «unvergleichlich» (incomparabile)[9] –, der sofort auch bei anderen wichtigen Auftraggebern (Graf Harrach, Graf Kaunitz) Erfolg hatte und in den folgenden Jahren mit Planungsaufträgen geradezu überhäuft wurde. Ursache dieser steilen, freilich dann nur kurzlebigen Karriere war nicht nur das «verbindliche» Auftreten Martinellis, der im Gegensatz zu Fischer den Wünschen seiner «padroni» sehr flexibel nachzukommen wußte, sondern auch seine profunde Vertrautheit mit der Kunst Roms – also eine Domäne, für die Fischer in Wien bislang fast ein Monopol innegehabt hatte. Der Zuzug weiterer gut ausgebildeter Künstler nach Wien hat in den folgenden Jahren diese angespannte Konkurrenzsituation noch verschärft.

Die weitere Entwicklung zeigt denn auch, daß sich die Aufträge an Fischer und seine Konkurrenten nach den unterschiedlichen Erfordernissen der einzelnen Bauaufgaben – salopp gesagt also: nach den Gesetzen von Angebot und Nachfrage – verschieden entwickelt haben. Die Behandlung der folgenden Geschehnisse wird also dem weisen Postulat von Jacob Burckhardt folgen, «Kunstgeschichte nach Aufgaben» zu betreiben[10].

In der Sphäre der *kaiserlichen Baukunst* blieb Fischer einflußreich und wurde 1696 für seine Verdienste mit dem Adelsprädikat «von Erlach» belohnt. Doch fehlte es hier an Aufgaben, da das Interesse Kaiser Leopolds I. an Architektur nur gering war; auch der offizielle Hofarchitekt G. P. Tencalla war in diesen Jahren nahezu ohne Arbeit. Der ab 1696 wohl ein wenig lustlos betriebene Ausbau von Schönbrunn in «normalen» Dimensionen bleibt für die folgenden beiden Jahrzehnte der einzige Auftrag des Kaiserhauses an Fischer; einige seiner Glanzideen für diese Anlage wurden zudem nicht ausgeführt, wie etwa das den Hügel bekrönende Belvedere, in dem sowohl Ideen von «Schönbrunn I» als auch Erfahrungen szenographischer Architektur der römischen Zeit nachklingen (Abb. 9, 10).

Der *Kirchenbau* ist in Wien zu dieser Zeit noch kaum von Gewicht; die wenigen bedeutenden Projekte gehen durchwegs an Konkurrenten Fischers (Laxenburger Kirche – Matthias Steinl; Peterskirche – Gabriele Montani, später Johann Lucas von Hildebrandt; Universitätskirche – Andrea Pozzo). Über Empfehlung der Grafen Thun hat Fischer freilich ab 1693 in Salzburg ein überaus reiches Betätigungsfeld seiner in Wien zunächst brachliegenden Ideen zum Kirchenbau gefunden.

Im weiten Bereich der *Palastbauten des Adels,* der das architektonische Geschehen Wiens in den Jahren um 1700 eindeutig beherrscht, ist Fischers Rolle ambivalent. Nach der erfolgreich abgewendeten Türkengefahr von 1683 hatte rasch eine überaus rege

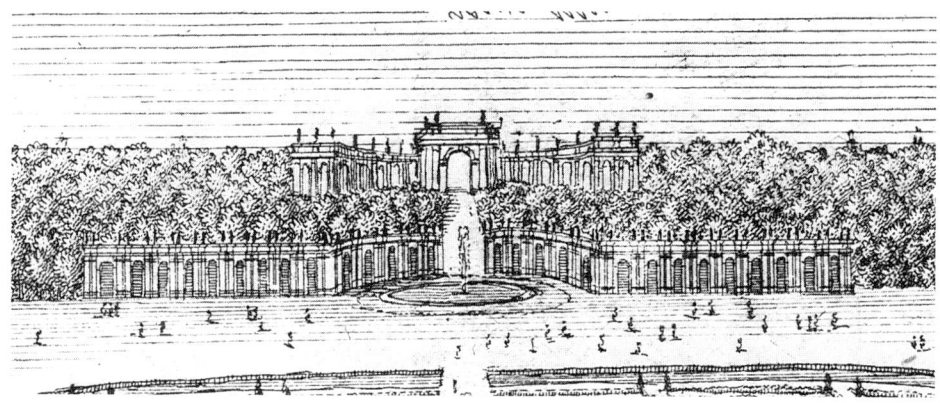

9 Zweiter Entwurf für Schönbrunn, Detail: Belvedere («Historische Architektur», Bd. IV, Tf. 3).

10 C. Vigarani, Bühnenbild für die Oper «Atys», 1676.

Bautätigkeit eingesetzt. Gemäß den adeligen Lebensgewohnheiten und den Regeln des «decorums» standen zwei Aufgaben im Vordergrund: einerseits der Stadtpalast, das repräsentative «feste Haus» innerhalb der Mauern, wo dem Architekten der traditionsbeladene «modus gravis» abverlangt wurde, und andererseits jene im barocken Wien zu rascher Blüte gekommenen «maisons de plaisance» in den Vorstädten; hier war der gestalterische Spielraum des Architekten durch etablierte Traditionen kaum eingeengt.

Fischers Rolle in diesen beiden Sphären des Bauens ist durchaus unterschiedlich: bei den vorstädtischen Gartengebäuden als glanzvoller und typenbildender «inventor», im innerstädtischen Bereich hingegen eher nur re-agierend.

Im historischen Rückblick ist diese Periode jedoch tatsächlich das «große» Jahrzehnt Fischers gewesen. 1693 berichtet er davon, daß er zur Zeit *14 große Werke unter Handten* habe[11] – und auch wenn dies ein wenig übertrieben sein mag, so hat doch kaum ein anderer Architekt des europäischen Barock dergleichen von sich sagen können.

Kirchenbauten in Salzburg

Über Vermittlung der Prager Grafen Thun kam Fischer schon bald in Kontakt mit dem Salzburger Erzbischof Johann Ernst Graf Thun (1687–1709), der den im frühen 17. Jahrhundert begonnenen Ausbau Salzburgs zur Barockstadt («Rom des Nordens») entschieden wiederaufnahm. Ob er Fischer deshalb berief, weil er angeblich *«allem Welschen abhold»* war, sei dahingestellt. Tatsache ist, daß er durch urbanistische Eingriffe und durch den Neubau von vier großen Kirchen das Bild der Stadt in wenigen Jahren erheblich veränderte und gleichsam «komplettierte» und damit einen Zustand geschaffen hat, der noch heute die Erscheinung Salzburgs bestimmt. Ein 1699 datierter Stich zeigt den Bauherrn, umgeben von seinen wichtigsten Stiftungen (Abb. 11) – es sind ausschließlich Werke unseres Künstlers.

Mit kleinen Erstlingswerken hatte Fischer den Auftraggeber von seinen Fähigkeiten überzeugen können, und ab 1694, als er neben dem Neubau von Priesterseminar und

11 J. F. Perret, Erzbischof Graf Thun und seine Stiftungen, Kupferstich, 1699.

21

Dreifaltigkeitskirche auch zusätzlich damit betraut wurde, «mit diser Occasion Ihren hochfürstlichen Gnaden bey anderen Ihren gepeuen mit guthem rath an Hand zu gehen»[12], war ihm weitgehend freie Hand der Gestaltung und gleichsam das Monopol über die Architektur Salzburgs übertragen worden. Nur selten hat im Laufe der Geschichte ein anderer Architekt in einer Stadt eine derart dominierende Position zugesprochen erhalten – Palladio in Vicenza oder Schinkel in Berlin vielleicht ausgenommen.

Fischer hat die kurz zuvor von Gaspare Zuccalli in Salzburg errichteten Sakralbauten (St. Erhard, Kajetanerkirche – beide ab 1685) gründlich studiert, vorrangige Inspirationsquelle für seine Kirchen[13] waren jedoch die Erfahrungen der römischen Studienzeit, die er besonders für die effektvolle Akzentuierung der Fassaden in ihrem urbanistischen Ambiente nutzen konnte.

Hauptthema scheint für Fischer freilich die Gestaltung des Raumes gewesen zu sein: in allen vier Salzburger Kirchen (wie auch in dem kleinen Bau in Kirchenthal) variiert er verschiedene Möglichkeiten, Zentral- und Longitudinalraum miteinander zu verbinden – seit der Renaissance eines der klassischen und nie endgültig gelösten oder lösbaren Probleme des Kirchenbaues. Faszinierend ist dabei, daß der Künstler hier kein «Schema» entwickelt: Fischer wirft mit unterschiedlichen «frischen Ideen» nur so um sich, kombiniert hohe und flache Kuppeln, schlanke und breite Schiffe in immer neuen Variationen, und auch die längsovale Rotunde – grundsätzlich ein «Leitmotiv» seines Bauens – ist hier nur *eine* in einer Fülle verschiedener Lösungen. Die Wirkungsmittel sind dabei genuin architektonische: Gliederung, Proportion, Lichtführung. Skulptur und Stuck setzen nur sparsame, aber mit Bestimmtheit festgelegte Akzente; Malerei und Deckenfresken spielen in Fischers Konzeption zunächst offensichtlich keine Rolle. Die weiß belassenen Innenräume der Kollegien- und Johannesspitalskirche vermitteln somit heute noch – trotz ihres oberflächlich «unbarock»-strengen Eindruckes – ein weitgehend authentisches Bild von Fischers Raumkunst.

12 Ansicht der Kollegienkirche, Detail aus Abb. 11.

13 Ansicht der Kollegienkirche aus einem Stichwerk von 1707.

Cerneret *antiquus* fi talia tecta *Juvavus*,
Ignotus fibimet diceret: *ô! ubi fum?*

Wann solche Bau-Art sollt ein Teutscher Greiß
erblicken?
Er wust nicht/wo er wär? er thät darob erschrecken.

Nicht alle, eigentlich nur erstaunlich wenige der hier in rascher Fülle ausgestreuten Ideen sind entwicklungsgeschichtlich bedeutend geworden. Am wichtigsten ist dabei die Fassade der Kollegienkirche, die rasch im benachbarten schweizerischen und süddeutschen Raum Nachfolge gefunden hat (Einsiedeln, Ottobeuren). Sie hat auch in Salzburg selbst Aufsehen erregt. Ein 1707 erschienenes Stichwerk zeigt die der frühen Planung im Perret-Stich nachgebildete Fassade (Abb. 12, 13) als Beispiel für eine völlig unvertraute *Bau-Art,* die der Betrachter nur mit ungläubigem Schrecken zur Kenntnis nehmen kann[14]. Ganz offensichtlich haben Fischers «ungemeine» Ideen nicht nur Bewunderung hervorgerufen.

Palastbauten des Adels in Wien

Nach dem überschwenglichen Erfolg der Triumphpforten zum Einzug Josephs I. von 1690 konnte sich Fischer zwar als der führende Architekt in der Metropole des Habsburgerreiches fühlen, doch zog dies nicht automatisch große Aufträge nach sich. Denn die tonangebenden, in diesen Jahren eigentlich einzig bedeutenden Auftraggeber in Wien waren die großen Adelsfamilien, und die hier anstehenden Bauaufgaben waren von grundlegend anderem Zuschnitt als ephemere Triumphbauten.

Stadtpalast und «Lust-Gebäude» sind dabei zwei funktional grundlegend verschiedene Bauaufgaben, deren formale Gestaltung denn auch unterschiedliche architektonische Qualitäten erforderte. Die Gegenüberstellung von zwei Bauten Fischers (Abb. 14, 15), in Wien zur selben Zeit (1692/93) und für denselben Auftraggeber (Hofkanzler Graf Strattmann) geplant und errichtet, kann diesen Unterschied verdeutlichen.

Am *Stadtpalast,* der ganzjährig dem repräsentativen Wohnen dient, dominiert das klassische Vokabular der Säulenordnungen mit Pilaster und Gebälk sowie der Reichtum der Oberfläche in Fensterumrahmungen und plastischen Schmuckformen. Räumliche oder körperliche Akzente, Vor- und Rücksprünge können nur eben angedeutet, nicht aber dreidimensional durchformuliert werden. Für «ungemeine» Ideen ist hier kaum Platz und nach den Gesetzen des «decorum» auch nicht der rechte Ort.

Der *Gartenpalast* hingegen (in zeitgenössischer Terminologie : *«maison de plaisance»* oder *«Lust-Gebäude»*), in aller Regel nur für gelegentliche sommerliche Aufenthalte und Gartenfeste bestimmt, ist fast ohne repräsentativen architektonischen Schmuck.

14 Wien, Stadtpalais Strattmann (Stich von S. Kleiner, um 1730).

Frei ist die kleine Anlage in die Gartenlandschaft gesetzt, ihr Bild wird durch die dreidimensionalen Qualitäten der einzelnen Körper bestimmt, aus denen sich das Bauwerk zusammensetzt – eine Kom-Position im Wortsinne.

Wie das Beispiel zeigt, «konnte» Fischer beides, hatte Lösungen für beide Aufgaben anzubieten. Es ist aber deutlich, daß seinem Temperament der traditionelle «modus gravis» der innerstädtischen Repräsentationsarchitektur weit weniger entgegenkam als die Möglichkeit des freien Komponierens der Körper im Raum in den suburbanen Lustgebäuden. So nimmt er denn auch in der Entwicklung dieser beiden wichtigsten Bauaufgaben im barocken Wien eine höchst unterschiedliche Rolle ein – innerhalb der Stadt eher bescheiden, in den Vorstädten als veritabler Motor der Entwicklung.

Stadtpaläste

Bei den Palästen in der dicht verbauten Innenstadt, die nun zur Modernisierung anstanden, war vorrangig die Fähigkeit und Bereitschaft des Architekten gefragt, sich mit überkommener Bausubstanz auseinanderzusetzen, denn so gut wie kein Palast in Wien konnte «ab fundamentis» neu errichtet werden. Ferner ging es um die repräsentative Gestaltung neuer Fassaden, die zumeist den Altbauten nur vorgeblendet werden konnten.

Die im wesentlichen von oberitalienischen Künstlern getragene frühbarocke Bautradition Wiens hatte für Palastfassaden das Schema der monotonen Reihung gleichförmiger Achsen entwickelt (sogenannte «Praemer-Bauten»[15]). Um 1690 waren mit den Stadtpalästen Kaunitz-Liechtenstein und Harrach neue und folgenreiche Prototypen entwickelt worden – freilich nicht von Fischer, sondern von frisch nach Wien «importier-

15 Wien, Gartenpalais Strattmann.

16 D. Martinelli, Entwurf für das Stadtpalais Sinzendorf in Wien.

ten» Künstlern wie Enrico Zuccalli oder dem aus Rom gekommenen Domenico Martinelli, der sogleich noch weitere Aufträge dieser Art erhielt (Abb. 16). Durch kräftige Risalitbetonung der Mitte oder der Flanken wird die Fassade klar akzentuiert und als formale Einheit aufgefaßt, strenge Fensterädikulen bestimmen das dichte Oberflächenrelief. Architektur dieses Zuschnitts – streng, tektonisch und in einem durchaus traditionell-klassischen Sinne repräsentativ, dabei durchaus modern «all'Italiana» – entsprach der Erwartungshaltung der Auftraggeber und bestimmt in den folgenden Jahren das Bild der Wiener Stadtpaläste. Fischer war sichtlich gezwungen, auf diese zunächst von Martinelli dominierte Strömung zu reagieren, um im Geschäft zu bleiben. Seine Fassaden der Paläste Strattmann und Batthyány zeigen denn auch deutlich, daß er die von seinen Konkurrenten entwickelten Fassadenschemata aufgreift und kreativ variiert, eine wirklich führende oder gar typenbildende Rolle hat er in diesem Bereich aber nicht gespielt.

Wo freilich dreidimensionale Inventionskraft vonnöten war – etwa in der Akzentuierung der inneren Raumabfolge oder der Anlage von Treppenhäusern –, konnte der Künstler seine Qualitäten voll ausspielen. Sein Stiegenhaus im Stadtpalais des Prinzen Eugen (Abb. 17, 103) ist in unmittelbarer Auseinandersetzung mit der hier vorgegebenen und außerordentlich komplizierten Bausituation entwickelt; es folgt keinem vorgeprägten Schema oder Typus, sondern ist in freier Invention durch den Kontrast von Architektur und Skulptur, von «Unten» und «Oben», von Hell und Dunkel zu einer der eindrucksvollsten Schöpfungen barocker Raumkunst gestaltet.

Gartenpaläste und «Lust-Gebäude»

Von grundsätzlich anderem Zuschnitt ist Fischers Rolle in der Entwicklung der suburbanen Gartengebäude. In Übereinstimmung mit dem freieren, durch Zeremoniell

26

und Konvention wesentlich weniger beengten Leben in den nach 1683 großteils neu angelegten Gärten vor der Stadt waren auch freiere Möglichkeiten des Bauens gegeben. Hier war auf alte Bausubstanz nicht Rücksicht zu nehmen, und auch die in Wien bislang für solche Anlagen entwickelte Tradition beschränkte sich auf Vorgaben allgemeinster Art. In aller Regel sollte sich das Erdgeschoß direkt zum Garten hin öffnen, Innentreppe und Hof fehlen, die Räume im Obergeschoß – in jedem Fall ein großer Saal, daneben nur wenige kleine Zimmer – wurden durch eine Freitreppe erschlossen ; dazu kam noch ein Aussichtsplatz zum Genuß von «aria fresca» und «bella vista».

Fischer sprüht hier geradezu vor neuen und «ungemeinen» Ideen – die in dieser Sphäre nun auch am Platze waren – und erfindet den für die Wiener Barockarchitektur so charakteristischen Bautypus «Lustgebäude» gleichsam in Alleinregie. Diese Art des Bauens entsprach der von ihm im Umkreis Berninis entwickelten Fähigkeit zur freien Entfaltung baukörperlicher Figurationen. Seine «spielerisch» in einem Skizzenbuch («Codex Montenuovo»; Wien, Albertina) festgehaltenen Variationen kleiner Casinos (Abb. 18, 19) dokumentieren diesen Einfallsreichtum und zeigen zugleich das Grundprinzip : lockere Zusammenfügung einzelner stereometrisch klar definierter Körper zu einem Ganzen – das Casino auf Abb. 18 wirkt etwa wie aus einzelnen ovalen Walzen zusammengelötet. Fischer zelebriert hier geradezu die Wirkung «der Körper unter dem Licht» (Le Corbusier). Ein solches Gebilde war nicht eben leicht benütz- oder bewohnbar, wie die einzige Realisierung eines solchen Baues im Park von Klesheim von 1694 zeigt (vgl. Abb. 76, 77), doch haben funktionale Fragen bei solchen Lustgebäuden traditionell nur eine untergeordnete Rolle gespielt.

17 Wien, Stadtpalast des Prinzen Eugen, Treppenhaus.

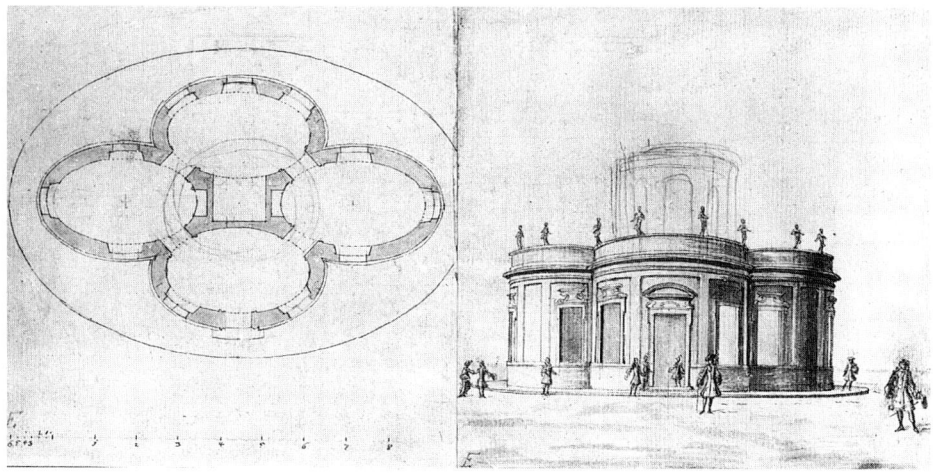

18 Entwurf für ein Gartencasino.

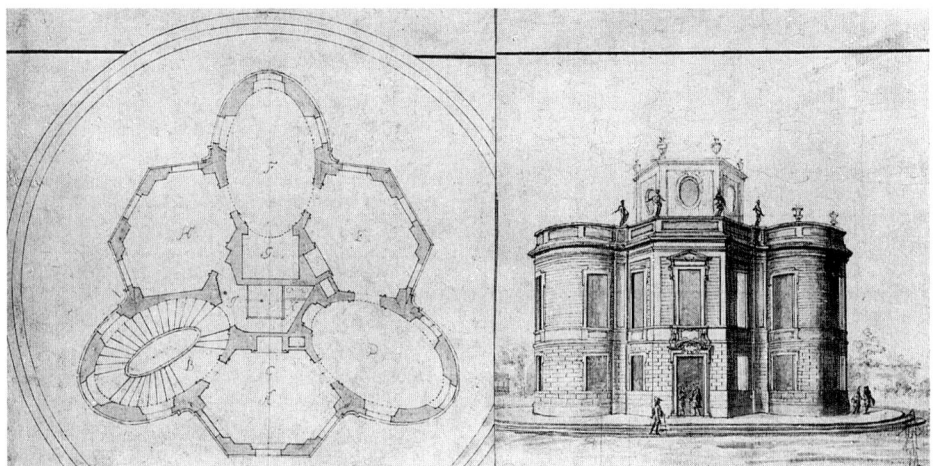

19 Entwurf für ein Gartencasino.

Einige dieser Inventionen weisen direkt in die italienische Studienzeit zurück und sind wohl bereits in Rom selbst entstanden: so etwa das sogenannte «Lust-Garten-Gebäude» (Abb. 20, 23). Grundidee ist eine vom zentralen Rund der Mitte dominierte Baukörpergruppe. Die Klarheit der plastischen Form des überhöhten Zylinders wird dabei durch den Kontrast mit den beiden seitlichen, durch knappe Rücklagen abgesetzten Kuben noch unterstrichen; die Seitenfassaden schwingen konkav ein.

Eine verwandte Figuration zeigt bereits das ab 1645 von Louis Le Vau errichtete Schlößchen Raincy (Abb. 21), und es spricht alles dafür, daß die Umsetzung und Steigerung dieses Typs in die an Bernini (vgl. Abb. 1) inspirierte dreidimensionale Architektursprache bereits um 1680 in Rom, vielleicht im Umkreis der «Accademia di San Luca», erfolgt ist (Abb. 22). Dabei mag der junge Fischer selbst eine entscheidende Rolle gespielt haben; er hat seine Autorschaft an diesem Bautyp jedenfalls mit auffallendem Nachdruck herausgestrichen[16].

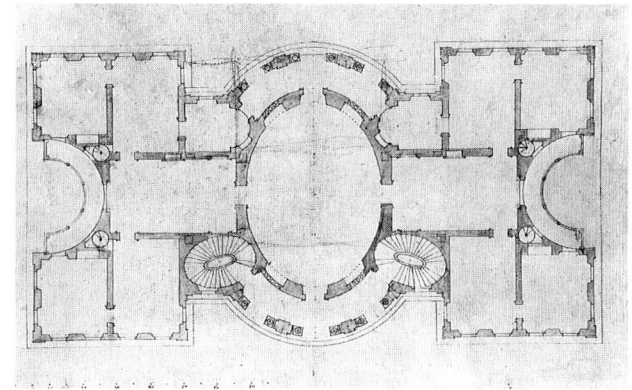

20 «Lust-Garten-Gebäude»,
Grundriß.

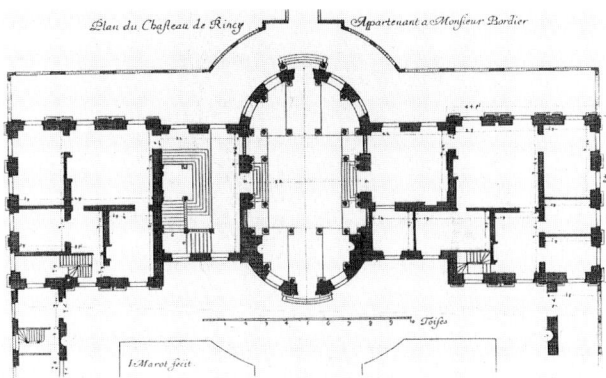

21 Louis Le Vau, Le Raincy,
Grundriß, ab 1645.

22 Römisch, um 1680 (?),
Entwurf für ein
Lustgartengebäude.

23 Ansicht des
«Lust-Garten-Gebäudes».

24 Studie zur Fassade der
Salzburger Kollegienkirche.

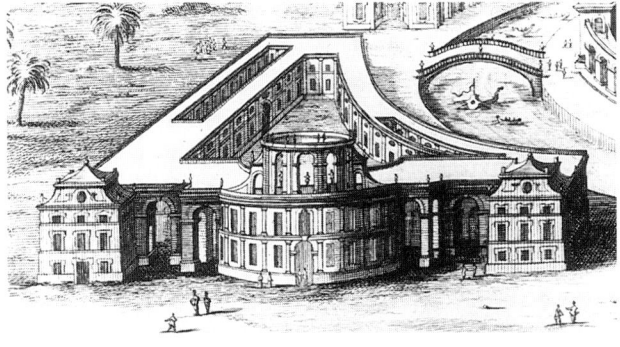

25 Nebengebäude des Tempels
von Ninive («Historische
Architektur», Bd. I, Tf. 10).

26 G. B. Alliprandi, Schloß
Liblitz/Liblice, ab 1699
(Ansicht des 18. Jh.).

27 F. Ph. Florinus, Ansicht eines
fürstlichen Landschlosses
(«Oeconomus Prudens . . . II»,
1719, S. 45).

Für den Künstler war das in diesem Typus verkörperte Schema: Kubus-Rücklage-Zylinder-Rücklage-Kubus eines der prägenden Leitmotive architektonischen Gestaltens, und er hat es selbst in verschiedenen Varianten immer wieder durchgespielt. Das hier auf eine prägnante «Matrix» gebrachte Wechselspiel von Einzelkörpern in einem Ganzen blieb aber nicht nur auf Gartenpaläste beschränkt. Die Fassade der Salzburger Kollegienkirche (Abb. 24) «lebt» – nun in unterschiedlicher Proportionierung – ebenso von dieser Konfiguration wie manche der freien Antiken-Rekonstruktionen der «Historischen Architektur» (Abb. 25).

Der zunächst von Fürst Liechtenstein (vgl. S. 63 ff.) abgelehnte Bautyp hatte rasch Erfolg, wurde durch andere aufgegriffen, wie etwa von G. B. Alliprandi in Schloß Liblitz/Liblice in Böhmen (Abb. 26)[17], und fand bald auch Eingang in Stichwerke (Abb. 27)[18]. Daß dabei Fischers Name als «inventor» unter den Tisch gefallen war, muß ihn verbittert haben und ist wohl der Grund für die in der Legende des entsprechenden Stiches der «Historischen Architektur» so nachdrücklich verdoppelte «Signatur»: «Lust-Gartten-Gebäu, so von mir Inventiret, gezeichnet und Grundriß davon gegeben vor den N. N. in Wien – J. B. F. v. E. inventor et delin.» Wer dieser N. N. war, gegen den hier indirekt der Vorwurf erhoben wird, er habe Fischers Idee unautorisiert weitergegeben, wissen wir nicht.

28 Wien, Gartenpalais Althan (Stich von Fischer-Delsenbach, um 1715).

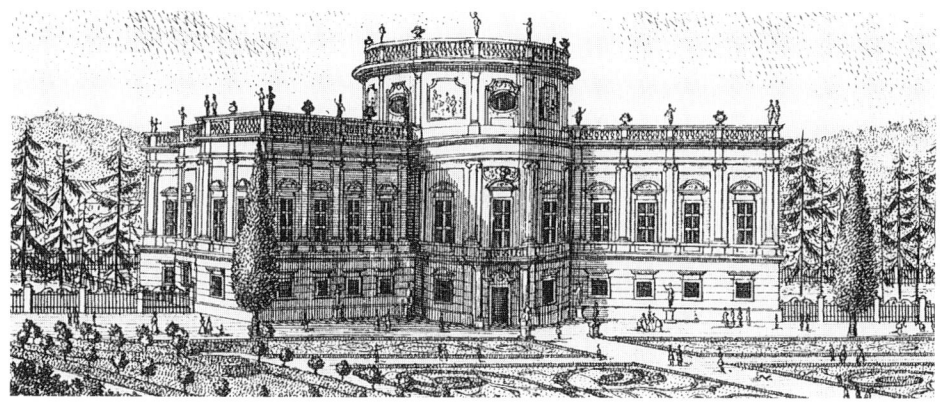

29 N. Tessin der Jüngere, Studie zu einem Gartenpalais.

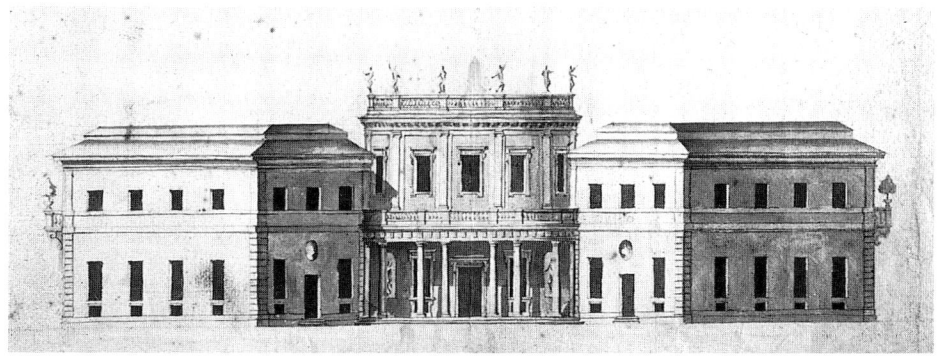

30 J. L. von Hildebrandt, Gartenpalais Starhemberg, Wien.

Kontraste zwischen Zylinder und Kubus prägen auch einfachere Varianten dieses Typus (Gartenpaläste Leeb, Strattmann, Schlick-Eckardt, Jagdschloß Niederweiden), mit
denen Fischer ab etwa 1691 die Adeligen Wiens beliefert hat – zunächst sichtlich zu
ihrer Zufriedenheit, obwohl schon bald die funktionalen Tücken dieser Architekturen
zutage traten, in denen sich Fischer ganz absichtsvoll über die erprobten Traditionen
des Bauens nördlich der Alpen hinwegsetzte. So haben zwar die durchwegs flachen
Dächer den Reiz und die Prägnanz der baukörperlichen Komposition noch unterstrichen, doch waren sie für das transalpine Klima völlig ungeeignet. Allen diesen Bauten
mußten später – zum Teil bereits wenige Jahre nach ihrer Erbauung – steile Satteldächer
aufgesetzt werden, damit sie nicht völlig verrotteten.

Dies gilt auch für die besonders «gesuchte» Komposition des Gartenpalastes Althan
(Abb. 28, vgl. Abb. 64); wahrscheinlich in der Tradition von Serlios kuriosem Villenpro-
jekt «molino da vento» sind hier dem ovalen Haupttrakt vier niedrige Flügel über dem
Grundriß eines Andreaskreuzes angefügt. Auch diese Konfiguration geht wohl noch in
die römische Frühzeit zurück, wie ein grundsätzlich verwandter Entwurf unter den
Zeichnungen von Nicodemus Tessin in Stockholm nahelegt (Abb. 29). Spätere Para-
phrasen in verschiedenen Regionen Europas (F. Juvarra, Villa Stupinigi bei Turin; G. Boffrand, «Malgrange II» bei Nancy; Entwürfe von B. Vittone; Schlößchen Weltrus/Vel-
trusy in Böhmen) sind wohl teils aus diesem römischen Prototyp, teils direkt aus Fischers
Bau entwickelt worden.

Es wird für Fischer befriedigend gewesen sein, zu sehen, daß seine Ideen in kürzester
Zeit die formalen Standards für die Lösung der aktuellen Bauaufgabe «Lustgebäude» in
Wien festgelegt hatten. Nun mußten seine Konkurrenten, zunächst Martinelli (Gartenpalais Czernin), dann auch J. L. von Hildebrandt (Gartenpaläste Mansfeld-Fondi, Starhemberg – Abb. 30, Schlößchen in Ráckeve) und andere, seine Inventionen aufgreifen,
zumindest aber sich mit ihnen auseinandersetzen, um entsprechende Aufträge zu erhalten.

Man übertreibt wohl kaum, wenn man die enorme Blüte der barocken Wiener Gartenpaläste, die schon bald international Bewunderung hervorrief, in erster Linie der
dafür besonders prädestinierten Inventionskraft Fischers zuschreibt. In diesem Bereich
war er tatsächlich so etwas wie eine «Führernatur», zu der ihn die an pathetischen For-
mulierungen und künstlerischem Heroenkult interessierte Forschung der Zwischen-
kriegszeit hochstilisiert hat[19].

Das Jahrzehnt 1700 – 1710

Auf die großen Erfolge der neunziger Jahre folgte eine lange Durststrecke für den Künstler. Das Kaiserhaus, zu dem er nach wie vor beste Kontakte unterhielt, blieb als Mäzen für die Baukunst weiter unbedeutend; Fischer erhielt wohl bei Regierungsantritt seines «Schülers» Joseph I. (1705–1711) den klangvollen Titel *Ihrer K. Maj. sambtlicher Hoff- und Lust-Gebäu Ober-Inspector*[20], jedoch keine Aufträge. Ein nur vage überliefertes Ausbauprojekt für die kaiserliche Residenz vor den Mauern der Stadt blieb in Planungsansätzen stecken. Der Stern seines Rivalen Domenico Martinelli war zwar beim nach wie vor baufreudigen und das «architektonische Klima» Wiens bestimmenden Adel im Sinken, doch war 1697 mit Johann Lucas von Hildebrandt[21] ein weiterer Konkurrent nach Wien gekommen, der sofort viel beschäftigt und 1700 zum *kaiserlichen Hofingenieur* ernannt wurde; er hat zudem Fischer bei Prinz Eugen aus seiner bis dahin sicheren und für die Zukunft vielversprechenden Position verdrängt. Seine dekorationsfreudige Formensprache kam der Wiener Bautradition durchaus entgegen und hat das Bild der Baukunst der folgenden Jahrzehnte entscheidend bestimmt. Bolognesische Künstler wie Antonio Beduzzi[22], dessen Bedeutung erst jüngst erkannt worden ist, oder die Familie Galli-Bibiena begannen, den weiten Bereich der «Dekorationsarchitektur» – bislang eine Domäne Fischers – an sich zu ziehen; ihren Kenntnissen modernster bolognesischer Kunst hatte Fischer nichts entgegenzusetzen.

Die wahrscheinlich mit einigen Hoffnungen 1704 unternommene Reise an den Berliner Hof von König Friedrich I. in Preußen mag anerkennende Worte gebracht haben, aber keine zählbaren Erfolge; eine im Anschluß daran geplante Englandfahrt ist wahrscheinlich gar nicht mehr zustande gekommen. Fischer muß – ebenso wie wenige Jahre zuvor bereits sein Rivale Martinelli – bald erkannt haben, daß es bei zunehmend verschärfter Konkurrenz nicht mehr ausreichte, dieselben Ideen in immer neuen Variationen anzubieten. Sein Vorschlag für das «Lustgebäude» des Königs in Preußen war ja letztlich nur eine oberflächlich abgewandelte Paraphrase auf das schon anderthalb Jahrzehnte zurückliegende Projekt für «Schönbrunn I» gewesen. Auch bei Schloß Klesheim, dem letzten Auftrag des Salzburger Erzbischofs, hatte er deutliche Abstriche an seinem «ungemeinen», aber kaum funktionsfähigen Entwurf in Kauf nehmen müssen.

Was Fischer in diesen Jahren genau getrieben hat, wissen wir nicht. Seine Bauten dieser Periode sind zahlenmäßig gering und kaum bedeutend; eine den großen Inventionen des vergangenen Jahrzehnts vergleichbare Schöpfung fehlt. Es klingt daher glaubhaft, wenn der Künstler selbst versichert, in den Jahren um und nach 1705 mit den umfänglichen Arbeiten an seinem theoretisch fundierten Stichwerk «*Entwurff einer Historischen Architectur*» begonnen zu haben. Damit war sein Interesse nach langer Pause wiederum direkt der Baukunst der Antike zugewendet. Dies hatte unmittelbar auch Auswirkungen auf sein weiteres Schaffen als Architekt.

31 M. D. Pöppelmann, Ansicht des Dresdner Zwingers (Stich von 1729).

Diese klassisch-antike Färbung von Fischers spätem Stil läßt sich gut an einem Vergleich mit einem gleichzeitigen Werk Matthäus Daniel Pöppelmanns ablesen: der Dres-
dener Zwinger (Abb. 31), ab etwa 1709/1711 im Bau, zeigt ebenso wie Fischers freie
Rekonstruktion der «Naumachia Domitiani» (Abb. 32) – der Stich war 1712 bereits vollendet – als Hauptmotiv eine eingeschossige Exedra, deren Scheitel mit einem überhöhten Pavillon besetzt ist. Diese Motivverwandtschaft ist kein Zufall, denn beide Künstler
beziehen sich explizit auf die Antike: Pöppelmann rekurriert auf die «Staats-, Pracht-
und Lust-Gebäude der alten Römer», deren «länglicht-runde Schau-Burg»[23] ein ange-
messenes Modell für den architekturgerahmten Festplatz des Zwingers abgibt. Fischers
kreative Rekonstruktion orientiert sich an den «kostbaresten Gebäuden und Schau-
Spielen der Römischen Pracht». Die Intention der beiden Künstler ist also weitgehend
identisch, nicht aber die formale Lösung. Pöppelmanns reichgegliederter Pavillon, bei
dem die Grenzen zwischen Architektur und Skulptur verschwimmen, bezieht nur das
Motiv aus der Antike, während die Formensprache hochbarock bewegt ist (und übrigens von Fischers nunmehr zwei Jahrzehnte zurückliegenden Triumphpforten manche
Anregung bezogen haben dürfte)[24]. Fischers streng gegliederter Baukubus ist darüber
hinaus aber auch in seinem Stil an der Antike orientiert, und der Künstler hat eine solch
«klassische» Lösung sofort auch in die Praxis seines Bauens umgesetzt, wie die nahezu
identische Fassade des Palais Trautson zeigt (Abb. 127).

Wenn Fischers Spätwerk des folgenden Jahrzehnts von einer «klassischen Beruhi-
gung» der Formensprache gekennzeichnet ist, so hat dies zweifellos verschiedene
Gründe und hängt zunächst mit der Eigenart der nun neu an ihn herangetragenen imperialen Aufgaben zusammen. Auf überindividueller Ebene ist zudem der generell ge-
wandelte und nun stärker der Architektur Frankreichs verpflichtete Zeitstil zu beden-

32 «Naumachia Domitiani», Detail («Historische Architektur», Bd. II, Tf. 6).

ken. Sehr aufschlußreich dafür ist, daß selbst unser Künstler – der seine Karriere vorrangig seiner Vertrautheit mit der Barockkunst Italiens zu verdanken hatte – seinen Sohn nunmehr nach Paris schickt, um dort Architektur zu studieren. Darüber hinaus ist dies – neben dem nun schon gesetzteren Alter Fischers – aber sicherlich *auch* ein Ergebnis dieser langen Periode einer abgeklärten und dem Studium der klassischen Tradition gewidmeten «vita contemplativa», die freilich nicht ganz freiwillig gewesen ist[25].

Der späte «Kaiserstil»

In den Jahren um 1710 hat Fischer mit der Böhmischen Hofkanzlei, dem Wiener Palast Trautson und dem Prager Palais Gallas wiederum respektable Aufträge erhalten – durchwegs von Adeligen, die dem Kaiserhof besonders nahestanden. Es fällt auf, daß all dies nunmehr in der traditionell repräsentativen Sphäre des Bauens liegt und daß Fischer in dieser eng zusammengehörigen Gruppe von Bauten gezielt seine Vertrautheit mit dem Formenvokabular der Klassik ausspielt. Lustgebäude fehlen – sieht man von der Gelegenheitsarbeit für Baron Huldenberg ab – von nun an in seinem Œuvre. Hier war nach den Anfangserfolgen der neunziger Jahre des 17. Jahrhunderts die Initiative gänzlich an seine Nachahmer und Konkurrenten übergegangen, die den Wünschen der Bauherren und den Erfordernissen des transalpinen Klimas flexibler zu begegnen wußten. Der größte Gartenpalast Wiens, das Belvedere des Prinzen Eugen, wird Hildebrandt anvertraut.

1711 wird Karl VI. zum Kaiser gekrönt. Fischer – nominell noch immer Hofbaumeister – mußte versuchen, den ihm kaum bekannten neuen Monarchen von seinen Fähigkeiten zu überzeugen. Da er an bisherigen Bauten für das Herrscherhaus nur wenig vorzuweisen hatte, rafft er in Eile das halbfertige Manuskript der «Historischen Architektur» mit den bislang in Kupfer gestochenen Tafeln zusammen und widmet es dem Kaiser im Frühjahr 1712. Dem als *neuer Augustus* und *neuer Salomon* apostrophierten Monarchen wird mit der Heraufbeschwörung der Monumentalbauten der Antike in verschlüsselter Form, aber deutlich genug, nahegelegt, an diese durch die «exempla» der Geschichte vor Augen geführte Größe anzuschließen und auch das von ihm regierte Heilige Römische Reich Deutscher Nation durch ähnlich imperiale Bauwerke angemessen zu repräsentieren[26]. Der vierte Band des Werkes, der ausschließlich *Gebäude von des Autoris Erfindung* enthält, deutet unverblümt an, wer der Architekt dieser Bauten sein sollte (siehe dazu noch S. 42 ff.).

Ob auf Grund dieses Schachzuges oder anderer Überlegungen – de facto wird Fischer im Herbst 1712 wegen seiner *«in der Baukunst erworbener trefflicher guter Wissenschaft, Erfahrungen und an den Tag gelegter Proben»* in seinem Amt als *«Inspector über alle Kays. Hoff- und Lustgebäude»* bestätigt[27]. In weiterer Folge steigt er zum künstlerischen Leiter jener Gruppe von Gelehrten auf, die Karl VI. um sich versammelt hatte, darunter der Philosoph G. W. Leibniz, der Generalbaudirektor Graf Gundacker von Althan, der Hofantiquarius Carl Gustav Heraeus und der «concettist» Konrad Adolph von Albrecht. Im Schoße dieser «ästhetischen Gemeinschaft» (F. Matsche) wurden die großen Bauprojekte des Hofes diskutiert, ersonnen und zum Teil dann auch realisiert[28].

Erst in diesen Jahren entwickelt das habsburgische Kaiserhaus eine nennenswerte Baupolitik und beginnt, der gestärkten Position des Reiches in Europa auch mittels Architektur Ausdruck zu verleihen. Fischers nunmehr abgeklärte, an der Kenntnis der Antike geprüfte und klassisch beruhigte Baukunst wird zur wichtigsten Darstellungsform dieses imperialen Konzeptes eines spätbarocken habsburgischen «Kaiserstiles».

In diesem Bereich war denn auch enormer Nachholbedarf gegeben. Die kaiserliche Hofburg etwa, Residenz des mächtigsten Herrschers in Europa, sah um 1710 noch immer so aus wie ein halbes Jahrhundert zuvor. Während allenthalben in Europa, im Frankreich Ludwigs XIV., gegen 1700 zunehmend aber auch in allen Ländern des Reiches und selbst unbedeutenden Duodezfürstentümern weitläufige neue Residenzbauten entstanden waren, residierte der ranghöchste Monarch, Kaiser Karl VI., noch immer in einem unansehnlichen Konglomerat verschieden alter Höfe und Trakte.

Der Ausbau und die architektonische Vereinheitlichung der Hofburg muß denn auch die zentrale Aufgabe des Hofbauamtes unter Fischers Leitung gewesen sein; dabei war gleichzeitig darauf zu achten, daß die historische Tradition des jahrhundertealten Residenzortes der Habsburger gewahrt und in Form «architektonischer Traditionspflege» sichtbar belassen blieb – ein schwer lösbares Problem. Fischers konkrete Pläne zu diesem Mammutprojekt haben sich nicht erhalten und sind kaum widerspruchsfrei zu rekonstruieren. Im Grunde wissen wir nicht einmal, ob der Künstler einen übergreifenden, nach modernen Prinzipien axial-symmetrisch geregelten Gesamtplan für das weite Areal entwickelt hat oder ob an einen nur punktuellen An- und Ausbau weiterer Trakte gedacht war. Die noch von ihm errichteten Bauten (Hofstallungen, Hofbibliothek), aber auch die von seinem Sohn Joseph Emanuel – zum Teil wohl nach hinterlassenen Ideen des Vaters – in weiterer Folge hochgeführten Trakte (Reichskanzlei, Winterreitschule, Fassade zum Michaelerplatz) lassen beide Interpretationen zu; wahrscheinlicher ist jedoch, daß die Gesamtanlage auch weiterhin den Charakter eines historisch gewachsenen Kompositums mit vereinzelten modernen Glanzlichtern behalten sollte[29].

Daß das hier in Angriff genommene Problem eigentlich fast unlösbar war, zeigt die weitere Entwicklung. Sofort nach dem Tod Fischers hat J. L. von Hildebrandt 1724 einen «Generalregulierungsplan» für die Hofburg vorgelegt, später folgen weitausgreifende Projekte von Fischers Sohn Joseph Emanuel, Balthasar Neumann, Jean Nicolas Jadot und Niccolo Pacassi – keines von ihnen konnte realisiert werden. Zu Ende der Barockzeit präsentierte sich die Habsburgerresidenz nach wie vor als «mixtum compositum» verschieden alter Höfe und Trakte (Abb. 33). Fischers Bauten für Karl VI. sind wichtige Bestandteile und architektonische Glanzstücke dieses Baukonglomerats geworden, sie konnten aber sein Gesamtbild nicht grundlegend verändern.

Mit der 1713 gelobten und ab 1715 geplanten Karlskirche war Fischer mit einem ungewöhnlichen, ja eigentlich singulären Auftrag konfrontiert, für den er eine ebenso außergewöhnliche Lösung fand. Hier ging es nicht um eine «normale» Kirche, sondern um einen Votivbau, der nicht nur an die persönliche Frömmigkeit Karls VI. anläßlich der Pest von 1713 erinnern, sondern der staatstragenden «pietas austriaca» ein Monument setzen sollte – ein sakrales Denkmal des gesamten Reiches also, zu dessen Finanzierung denn auch alle Länder der habsburgischen Krone beizutragen hatten. Die Konzeption eines solchen Monumentes wurde zweifellos im gelehrten Beraterkreis um Karl VI. intensiv diskutiert und fügt sich in eine Reihe weiterer Maßnahmen, die uns heute künstlerisch weit weniger spektakulär erscheinen. Der den Sakralbauten *(«aedificia sacra»)*

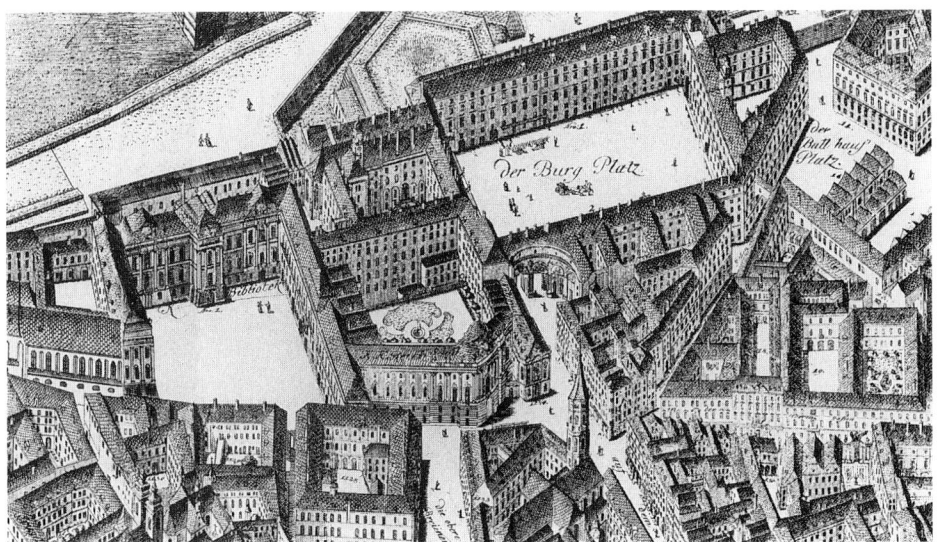

33 Ansicht der Wiener Hofburg um 1770.

Karls VI. gewidmete Stich im panegyrischen Traktat des Jesuiten Anton Höller «Augusta Carolinae Virtutis Monumenta» von 1733[30] (Abb. 34) zeigt den Kontext, in dem die Kirche mit zeitgenössischen Augen gesehen wurde. In das zentrale Medaillon ist die Wiedergewinnung Ungarns für den katholischen Glauben als das wichtigste *aedificium sacrum* Karls VI. gerückt, erst dann schließen mit der Karlskirche und der Josephssäule aufwendigere Bauwerke an (beide von Fischer), gefolgt von künstlerisch eher bescheidenen, aber religionspolitisch wichtigen Unternehmungen (Kirche auf dem Leopoldsberg, Kirche im Liechtenthal, Bestiftung der Wallfahrtskirchen Mariatrost und Mariazell, Restaurierung der mittelalterlichen Tumba Friedrichs III.).

Fischers Leistung an diesem Bau — bei dessen Planung er sich erst gegen die Konkurrenz von J. L. von Hildebrandt und F. Galli-Bibiena durchsetzen mußte — liegt sicherlich nicht zuletzt darin, die Fülle der gedankenschweren Allusionen auf den Bauherrn, die Kirche und das Reich in Geschichte und Gegenwart überzeugend in gestaltete Architektur umgeformt und mit den Mitteln der Architektur überhaupt erst erfahrbar gemacht zu haben. Der Bau verrät zwar im Gesamten wie im Detail deutlich seinen «sprechenden» Charakter, er kündet von den antiken Wurzeln des Reiches und dem aktuellen Anspruch auf Spanien, von den christlichen und heidnisch-herkulischen Ambitionen des Kaisers, ohne jedoch gänzlich «von des Gedankens Blässe angekränkelt» zu erscheinen[31]. In ihrer Form ist die Karlskirche, wie viele Werke Fischers, letztlich ein Konglomerat einzelner, in ihrer Eigenform klar definierter Baukörper, die hier unfragmentiert zu einem Ganzen gefügt werden, wobei inhaltliche und formale Bezugsebenen einander wechselseitig überlagern und bedingen. An der Seitenansicht des frei in die Landschaft vor den Toren der Stadt gesetzten Baues ist dieser «Konglomerats»-Charakter dominierend, an der auf die kaiserliche Hofburg ausgerichteten «Schauseite» jedoch stärker bildhaft geschlossen. Einige Planänderungen durch Fischers Sohn Joseph Emanuel dürften dabei bereits eine Rolle gespielt haben, die Wirkung des vom

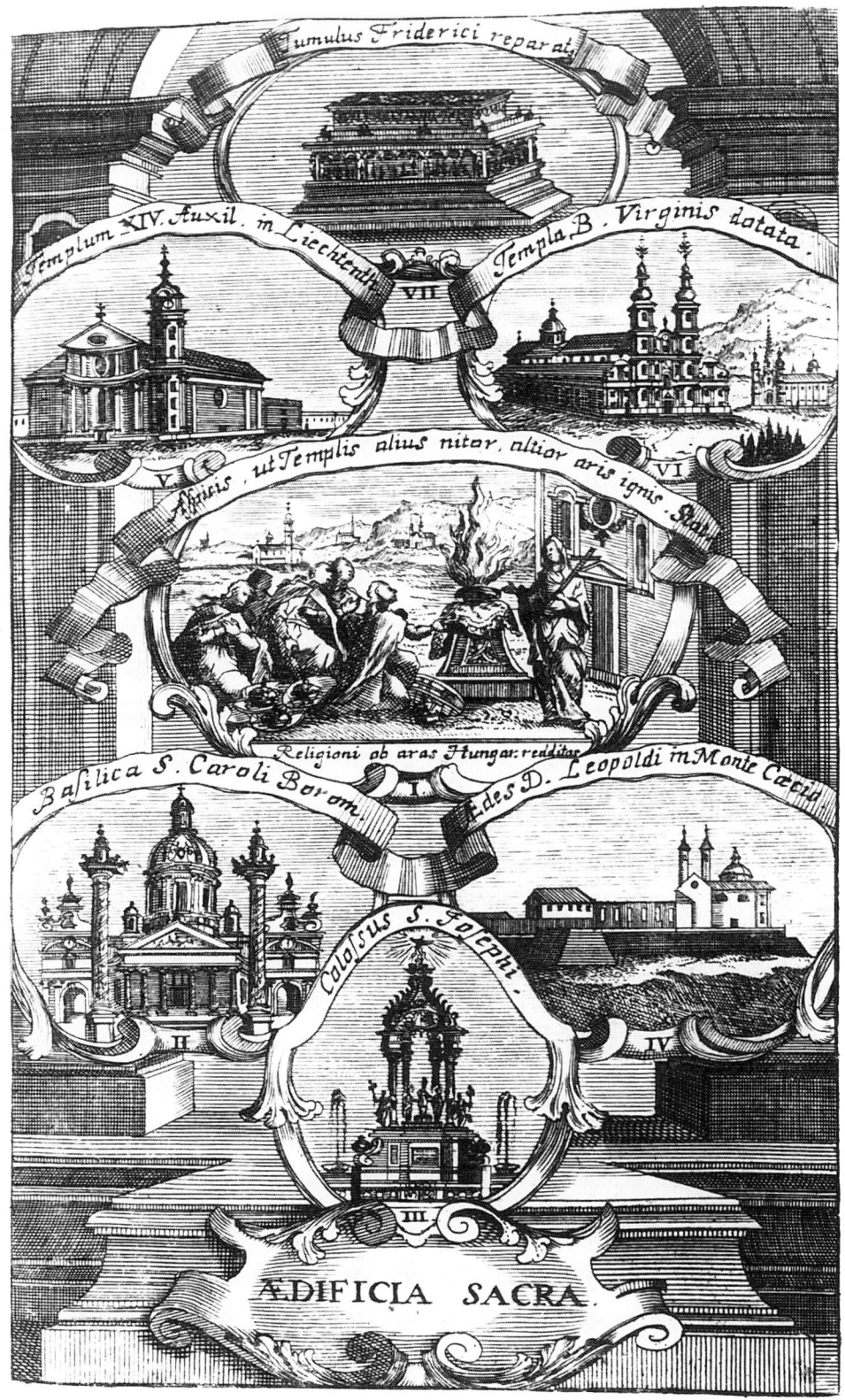

34 «Aedificia Sacra» Kaiser Karls VI. (A. Höller, «Augusta Carolinae Virtutis Monumenta», Wien 1733).

Vater so prominent in das Zentrum der Komposition gerückten Tambours der Kuppel ist dabei aber erhalten geblieben.

Fischer hat seine eben erst – in der Konzeption der «Historischen Architektur» – intensivierte Beschäftigung mit den historischen Wurzeln neuzeitlichen Bauens an dieser Kirche jedenfalls unmittelbar in die Praxis architektonischen Planens überführt und damit ein sakrales Monument geschaffen, das in seiner an der Antike geprüften Formensprache den historischen Denkmälern der Weltarchitektur gleichrangig zur Seite stehen sollte. Daß die graphische Inszenierung der Kirche im Kupferstich (siehe Abb. 143) jener der antiken Großbauten völlig entspricht, ist wohl volle Absicht. Angestrebt war somit auch ein zeitlos gültiges Denkmal – und es ist wohl kein Zufall, daß gerade dieser Bau Fischers später zum Idol österreichischen Staatsbewußtseins werden konnte (Abb. 35).

Unmittelbarer noch verrät die weitläufige Anlage der Hofstallungen, die außerhalb der Stadtmauern der Hofburg vorgelagert wurden, ihre Orientierung an Großbauten der Antike (vgl. Abb. 154, 155). Fischer stellt ihre Monumentalität, die freilich großteils Produkt seiner kreativ-rekonstruierenden Phantasie ist, gezielt in den Dienst der Veranschaulichung der Größe und Bedeutung des Reiches. Hier ist der Architekt vom Archäologen Fischer kaum noch zu trennen – antike und zeitgenössische Architektur scheinen ineinander überzugehen.

In diesen späten Bauten sind freilich die Anteile des bereits alternden Künstlers nicht mehr mit völliger Klarheit von jenen seines Sohnes Joseph Emanuel[32] zu scheiden. Der Vater war 1722 *«wegen erreichten Alters und obhabender Leibs-Schwachheit»*[33] bereits außerstande, seinen Beruf auszuüben, so daß zu Beginn dieses Jahres der Sohn von

35 Plakat mit Fischers Karlskirche, nach 1945.

36 Wien, Hofbibliothek,
Mittelrisalit.

seinem Studienaufenthalt in Paris nach Wien gerufen wurde. Von ihm wurde «*er-spriessliches ... bey denen zwar angefangenen, aber annoch unausgeführten ge-bäuen*» des Vaters erwartet, und tatsächlich hat Joseph Emanuel alle diese Bauten zu Ende geführt und wurde bald darauf leitender Hofarchitekt. Bei seinen eigenen Projek-ten im Bereich der Hofburg scheint er sich mehrfach nachgelassener Ideen seines Vaters bedient zu haben.

Bei der erst 1723, im Todesjahr des Vaters, begonnenen Hofbibliothek ist die klassi-sche Formensprache Johann Bernhards bereits deutlich von dem in Paris geschulten Stil seines Sohnes überlagert – besonders am Außenbau. Nicht nur markante Motive wie die feine Rustizierung oder das zentrale Nischenportal erinnern an französisches Bauen, sondern vorrangig auch die Verkleidung des zentralen Risalits durch eine kräftige platte Stirnmauer (Abb. 36) – so kommt Fischers «Leitmotiv», das ovale Rund, nur mehr indi-rekt und «gebändigt» zur Anschauung. Im Inneren dominiert es freilich den gewaltigen Raum und wurde erst durch einen späteren Umbau in seiner Wirkung beeinträchtigt.

So hat Fischer im letzten Jahrzehnt seines Lebens noch einmal eine führende Rolle in der Architektur Wiens gespielt – diesmal in der ranghöchsten Sphäre der imperialen Kunst. Der «Kaiserstil» Karls VI. trägt jedenfalls deutlich seine Handschrift. Vieles ist da-bei freilich nur Fragment geblieben, und im Grunde verbleiben die Bauten Karls VI. eine dünne Oberschicht spätbarocken Bauens in der Metropole Mitteleuropas, von der kaum Impulse auf die weitere Entwicklung ausgegangen sind.

Der «Entwurff einer Historischen Architectur»

Fischers großformatiges Stichwerk[34] ist eine der ungewöhnlichsten und eigenwilligsten Schöpfungen in der Geschichte der Architekturtheorie. Etwas vereinfacht ließe sich sagen, daß Fischer – «ungemein» auch hier – in seinem Werk behandelt, was bisher nicht oder nur am Rande behandelt worden war, hingegen völlig davon absieht, die klassischen Themen der Architekturtheorie aufzugreifen : Säulenordnungs- und Proportionslehre fehlen gänzlich, auch die obligatorische Vorstellung der antiken Baukunst erfolgt in höchst unorthodoxer Weise und verzichtet auf die gängigen «exempla». Statt dessen gliedert Fischer – erstmals – außereuropäische Werke in die Behandlung ein und stellt in den beiden letzten Büchern sein eigenes Schaffen gleichsam als Krönung der Entwicklung der Weltarchitektur vor Augen.

Dem kaiserlichen Druckprivileg der Erstausgabe von 1721 ist zu entnehmen, daß Fischer «durch sechzehen Jahr lang an einem solchen Werk seiner Profession gearbeitet» hat. Demnach wäre der Beginn der Arbeiten um 1705 anzusetzen, als Fischers Schüler Joseph I. – dem die Abhandlung ursprünglich wohl zugedacht war – den Thron bestieg, doch stammt der überwiegende Teil jenes Fundus an Ideen, die Fischer hier verwertet,

37 Stammbuchblatt mit Motiven aus der «Historischen Architektur», 1709.

sicher noch aus der frühen italienischen Studienzeit. Ein 1709 datiertes Stammbuch-blatt des Künstlers (Abb. 37)[35], in dem verschiedene Motive des Stichwerkes miteinan-der kombiniert sind, belegt, daß Fischer in diesen Jahren tatsächlich intensiv mit der Ar-beit beschäftigt war. So konnte er eine noch unfertige Manuskriptfassung bereits 1712 dem neuen Kaiser Karl VI. widmen, dem dann auch die nur mehr unwesentlich erwei-terte Druckfassung von 1721 zugeeignet ist. Auch diese veröffentlichte Version ist letzt-lich ein Torso geblieben, denn die ausführlichen erläuternden Texte zu den einzelnen Stichen – die zum Teil auf Carl Gustav Heraeus zurückgehen – brechen am Ende des zweiten Buches abrupt ab, bei den restlichen drei Büchern beschränkt sich der Kom-mentar auf knappe Stichlegenden.

Fischer legt seine Absicht im Titelblatt und der Einleitung eher unverbindlich klar. An-gestrebt ist eine «*Historische Architectur, in Abbildung unterschiedener berühmten Ge-bäude des Alterthums und fremder Völcker*», um «*das Auge der Liebhaber zu ergötzen, und denen Künstlern zu Erfindungen Anlaß zu geben*» und damit der «*Beförderung sowohl der Wissenschaften, als der Künste*» zu dienen.

Das *Erste Buch* («*von einigen Gebäuden der Alten Juden, Egyptier, Syrer, Perser und Griechen*») stellt programmatisch den Salomonischen Tempel in der von Villalpando ko-difizierten Form als jenes Bauwerk an den Beginn, das direkt auf den Willen Gottes zu-rückgeht und «*als das vornehmste Wunder-Gebäude der Welt*» aller nachfolgenden Baukunst zum gesetzgebenden Leitbild geworden ist. Es folgen die sieben Weltwunder der Antike, wobei nicht nur die Bauwerke, sondern auch ihre Situierung in der Land-schaft thematisiert sind (Abb. 38). Fischer schließt hier eine Darstellung der bei Vitruv überlieferten Deinokrates-Legende an (Abb. 39)[36]: der Architekt Deinokrates hatte Alexander dem Großen vorgeschlagen, den Berg Athos zu einer Sitzstatue des Königs

38 Ägyptische Pyramiden («Historische Architektur», Bd. I, Tf. 4).

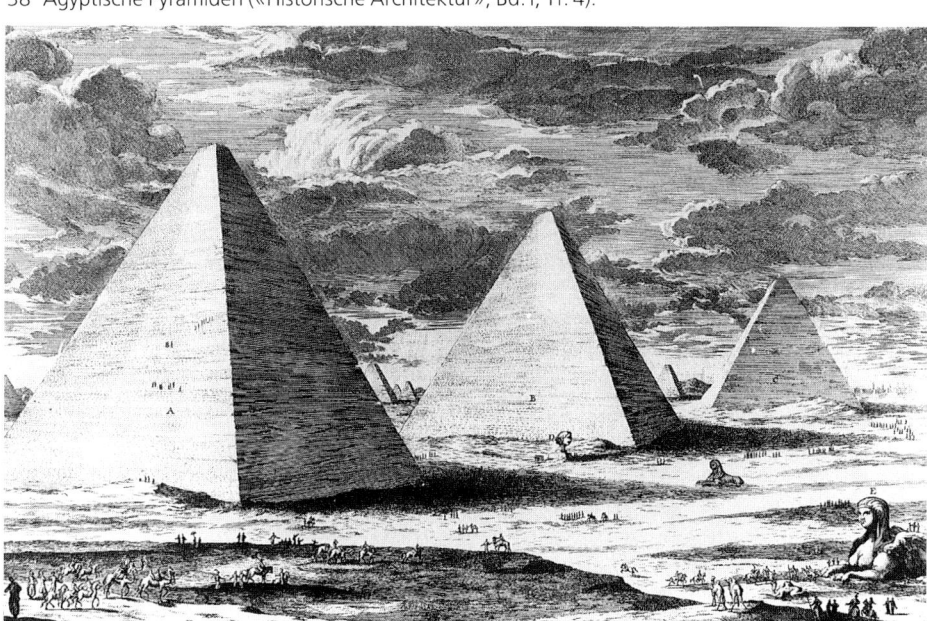

39 Der Berg Athos («Historische Architektur», Bd. I, Tf. 18).

umzuformen, die in ihrer linken Hand eine Stadt von 10 000 Einwohnern hält. In diesem «*Kunst-Berg*» verbinden sich Architektur und Landschaft (zudem auch noch Skulptur); in historischer Verschlüsselung meldet der Architekt hier hohe Ansprüche für seine Profession an.

Das *Zweite Buch* («*von einigen alten unbekannten Römischen Gebäuden*») enthält eine seltsame Auswahl antiker Bauten. Es fehlen die klassischen Beispiele wie Pantheon oder Vestatempel, statt dessen stehen die gänzlich unansehnlichen Ruinen des Amphitheaters im spanischen Tarragona (Abb. 40) programmatisch am Beginn. Hier spricht nicht der Archäologe oder Architekt Fischer, sondern der Höfling, der dem Kaiser vor Augen führt, daß antike Architektur auch auf dem Boden seines Reiches bestanden hat, und zwar in Spanien, also jenem Land, auf dessen Zugehörigkeit zum Reich Karl VI. stets, wenn auch letztlich erfolglos, Anspruch erhoben hatte. Damit wird die Kontinuität zwischen altem und neuem «Römischem Reich» thematisiert, und das «Historische» von Fischers Unterfangen stellt sich deutlich in den Dienst tages- und reichspolitischer Zielsetzungen. Erst danach folgen – großteils in freier Rekonstruktion – architektonisch interessante Monumente der römischen Antike, zumeist kaiserzeitliche Großbauten, deren «imperialer» Charakter in fließendem Übergang zu Fischers eigenen Spätwerken steht (vgl. Abb. 154, 155).

An das Ende dieses Buches ist kommentarlos eine eindrucksvoll geschönte Ansicht der «*Insul Borromaea in Lago Maggiore*» gesetzt (Abb. 41): Fischer kannte dieses 1671 weitgehend vollendete Gebilde vielleicht aus eigener Anschauung. Wiederum steht die Verbindung von Baukunst und Landschaft im Zentrum, genauer gesagt: die Dominanz der Architektur über die Natur. In gewisser Hinsicht hat Fischer hier ein ideales Leitbild

40 Ruine des Amphitheaters in
Tarragona («Historische
Architektur», Bd. II, Tf. 1).

41 Borromeische Insel im Lago Maggiore («Historische Architektur», Bd. II, Tf. 15).

seines Schaffens abgebildet. Das Blatt verleiht seinem phantastischen Projekt «Schönbrunn I» von 1688 – wo ebenfalls die Umwandlung eines natürlichen Hügels in eine
Folge von Terrassen geplant war – die historische Rechtfertigung und kündet von den
hochfahrenden Ambitionen des Künstlers.

Das *Dritte Buch* enthält «*einige Gebäuden der Araber und Türcken, wie auch der
neuen Persianischen, Siamitischen, Sinesischen und Japonesischen Bau-art*»; im Manuskript von 1712 war zusätzlich noch die Behandlung gotischer und maurischer Bauten
angekündigt, ohne daß wir wissen, welche konkreten Werke Fischer dabei vor Augen
gestanden haben mögen. Wiederum sind architektonisch eher belanglose Werke auf
dem Boden des Habsburgerreiches programmatisch an den Beginn gesetzt: das türki-
sche Bad in Ofen und die kleine Moschee in Pest. Erst danach folgen Großbauten des
nahen und fernen Orients, deren Vorlagen Fischer aus verschiedenen Quellen zusam-
mengetragen hat. Nicht immer steht dabei die Architektur im Vordergrund, auch das

42 Entrée der französischen Gesandtschaft in Siam («Historische Architektur», Bd. III, Tf. 10).

aufwendige Schiffs-Entrée der französischen Gesandtschaft in Siam (Abb. 42) sowie eine *«wundersame Ketten-Brücke»* oder *«durch Kunst gemachte Lust-Berge»* Chinas werden hier eingegliedert.

Die Kriterien, nach denen der Künstler die Auswahl seiner «historischen» Darstellungen getroffen hat, sind nicht leicht zu durchschauen. Grundsätzlich dominiert das Interesse für monumentale, landschaftsbeherrschende Anlagen – die denn auch stets in eindrucksvoller Perspektivdarstellung gegeben sind –, daneben fällt der Nachdruck auf, mit dem «herrschaftliche», «imperiale» Themen behandelt sind, auch wenn aus ihnen architektonisch gar nicht viel zu lernen ist. Die titelgebende «historische» Dimension ist jedenfalls nicht im Sinne einer kontinuierlich fortschreitenden geschichtlichen Entwicklung von den Anfängen bis in die Gegenwart zu verstehen und sicher auch nicht im Sinne des Rankeschen «wie es eigentlich gewesen». Historische oder archäologische Treue ist nicht das Ziel; viel eher versucht der Künstler, seine gestalterischen Ideale durch ausgewählte und in freier Rekonstruktion zurechtgeschönte Beispiele der Geschichte zu legitimieren, und er behält dabei zugleich auch die Interessen und Intentionen des Wiener Kaiserhofes im Auge, der als eigentlicher Adressat des hier vor Augen geführten architektonischen Spectaculums gelten kann und Umfang, Struktur und Zielsetzung des Stichwerkes zumindest indirekt mitbestimmt hat.

Das *Vierte Buch* enthält ausschließlich *«Gebäude von des Autoris Erfindung und Zeichnung»* und präsentiert ein sichtlich wohldurchdachtes Florileg aus seinem Œuvre. Jede der damals wichtigsten Bauaufgaben – Kirchenbau, Stadtpalast, Gartenpalast, Lust-Gebäude, Landschloß, Grabmal, ephemere Architektur – ist mit zumindest einem Beispiel vertreten, so daß der Künstler seine umfassenden Fähigkeiten auf allen Gebieten der Bau- und Bildkunst vorführen kann. Ganz offensichtlich haben Andrea Palladios *«quattro libri»* – wo ebenfalls ein eigenes Buch ausschließlich den Werken des Autors

43 Zwei Vasen und «Lust-Gebäude» («Historische Architektur», Bd. V, Tf. 10).

gewidmet ist – als Anregung für diese nicht eben bescheidene Selbstdarstellung ge-
dient.

Als Appendix ist dem Ganzen schließlich noch eine Stichserie mit «*Divers Vases Anti-
ques, Aegyptiens, Grecs, Romains & Modernes*» angefügt: neben phantasievoll rekon-
struierten antiken Vasen stellt Fischer auch «moderne» Entwürfe seiner Invention vor
und nützt die Gelegenheit, fallweise eigene Bauten und Projekte als Hintergrundsarchitekturen einzublenden (Abb. 43).

Fischers Stichwerk zielt also durchaus nicht auf eine objektive Darstellung der Welt-
geschichte der Baukunst, die frei wäre von den zeitgebundenen Interessen des Autors
oder seines aktuellen Umfeldes. Die Dimension des «Historischen» steht deutlich im Zeichen und im Dienst des wiedererstarkten habsburgischen Kaisertums, als dessen Hofarchitekt Fischer den Splendor imperialen Bauens durch sorgfältig ausgewählte «exempla» der Geschichte legitimiert[37]. Darüber hinaus führen – trotz aller historischen
Gelehrsamkeit – die Stiche der «Historischen Architektur» aber auch das sehr subjektiv
gefärbte Weltbild eines Künstlers vor Augen, der primär an den dreidimensionalen Qualitäten von Architektur interessiert ist. Dies zeigt sich an der fast durchgängigen Ver-
wendung der «scaenographia» als Darstellungsmittel, wobei gerade die baukünst-
lerisch unbedeutenden Hintergrundsarchitekturen (Abb. 44a–d) oft archetypische
Grundvorstellungen Fischers vom Bauen besonders deutlich machen: einfache, klar definierte und gegeneinandergesetzte stereometrische Baukörper besetzen hier die Landschaft – eine baukünstlerische Vision, die in mancher Hinsicht Le Corbusiers Definition
der Architektur als «Spiel der einfachen Körper unter dem Licht» vorwegzunehmen
scheint.

Die interpretierenden Umformungen des Themas «Historische Architektur» sichern

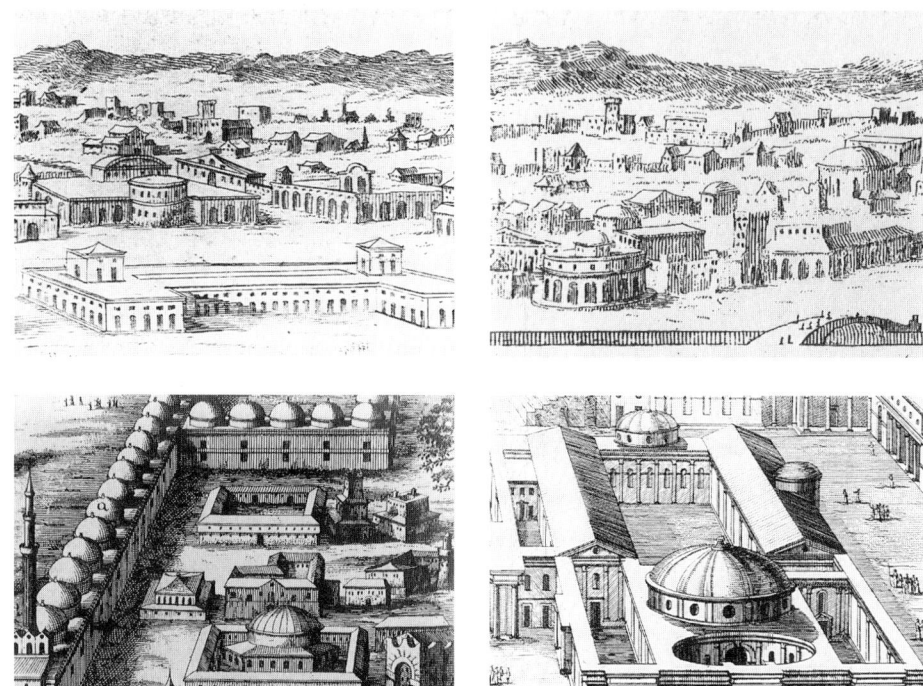

44a–d) Hintergrundsarchitekturen aus der «Historischen Architektur».

Fischers Stichwerk einen außerordentlichen Platz im Rahmen der Architekturtheorie der Zeit. Der Gegensatz zu der etwa zeitgleichen Architektur-Enzyklopädie des norddeutschen Theoretikers Leonhard Christoph Sturm[38] ist lehrreich. Sturm, ein künstlerisch nur wenig inspiriertes Naturell, folgt getreulich der akademisch-vitruvianischen Tradition des Mediums «Architekturtheorie» und breitet das Panorama aller Möglichkeiten des Bauens in voller Breite vor dem Leser aus – regelstreng, gelehrsam und knochentrocken. Fischer hingegen wirft den Ballast eines solch wortreich-gelehrten Vitruvianismus über Bord und stellt in selbstbewußtem Künstlertum eindrucksvolle Schautafeln aus Geschichte und Gegenwart des Bauens vor Augen.

Dabei ist erstaunlich, daß Fischer auch in seinen späten Jahren noch immer völlig im Banne der Erfahrungen seiner frühen römischen Studienzeit steht: alle wesentlichen künstlerischen Inspirationen, die in die «Historische Architektur» Eingang gefunden haben, gehen letztlich auf Ideen zurück, die er bereits Jahrzehnte zuvor im Umkreis von Bernini, Bellori und Athanasius Kircher kennengelernt hatte.

Bis an das Ende seines Lebens ist die Faszination an der Kunst Roms somit – in Theorie wie Praxis – das prägende Leitmotiv von Fischers Schaffen geblieben.

Ausblick

I

Die Beschäftigung mit Fischer von Erlach war seit jeher von der Faszination an der Kunst-
blüte im barocken Habsburgerreich überlagert. Daß die Erforschung der österreichischen Barockkunst durch Albert Ilg vor etwa einem Jahrhundert mit der ersten Monographie über Fischer (1895) ihren Anfang genommen hat – und nicht etwa mit dem
Versuch einer Gesamtdarstellung der Kunst dieser Epoche –, ist bezeichnend und hat
die Weichen für die weitere Forschung gestellt: ab nun galt das Interesse mehr dem
«großen» Künstler und seinem Lob als dem Gesamtgeschehen der barocken Künste im
sogenannten «Österreichischen Heldenzeitalter»[39].

Fischer war zudem ein Künstler so recht nach dem Geschmack unseres Jahrhunderts:
ideenreich, innovativ, in kritischer (fallweise fast avantgardistischer) Distanz zu etablierten Traditionen – ein «Vollblutkünstler» also, der seinen Auftraggebern selbst- und sen-
dungsbewußt entgegentritt und seine Ideen gegen kleinliche Bedenken durchzusetzen
versteht. Besonders Architekten berufen sich gerne auf historische Leitbilder dieses
Zuschnitts. Auch bei einer eher nüchternen Betrachtungsweise jedoch – wie sie im
vorliegenden Buch angestrebt wird –, die das Ziel der Darstellung jedenfalls nicht im
Künstlerlob sucht, fällt es nicht leicht, sich der Faszination der Baukunst Fischers zu
entziehen.

Zunächst erstaunt der ungeheure Ideenreichtum seiner Bauten: wohl gibt es «Leitmotive» in Fischers Schaffen (wie etwa die Faszination an längsovalen Räumen und
Baukörpern im sakralen wie profanen Bereich), kaum aber ihre schematische Wieder-
holung, sondern zumeist wohldurchdachte und auf die jeweiligen Erfordernisse abge-
stimmte Variationen. Seine frühen Entwürfe für Gartenpaläste und Lustgebäude zeigen
eine Variationsbreite von Motiven und Formen, wie wir sie von kaum einem anderen
Barockarchitekten nördlich der Alpen kennen.

Das Gleiche gilt auch für die Salzburger Kirchen – und erstaunt hier um so mehr;
denn der Sakralbau zählt zu den eher traditionsverhafteten Bauaufgaben, und somit
waren einer auf das «Ungemeine» zielenden Inventionskraft (ganz im Gegensatz zu
den «Lust-Gebäuden» des Adels) recht enge funktionale und formale Grenzen gesetzt.
Zudem war der Salzburger Erzbischof Graf Thun (über dessen persönliche Einstellung
zur Kunst man gerne Näheres wüßte) wohl auch kein Parvenu, der die «Moderne» um
jeden Preis und ohne Rücksicht auf das «decorum» der Kirche forciert hat.

Die exuberante Fülle von kreativen Neuerungen bestimmt Fischers Schaffen bis zu
seinem Ende und hat im späten «Kaiserstil» Karls VI. nochmals einen erstaunlichen Höhepunkt gefunden. Dieser Ideenreichtum bleibt jedoch stets an «Regeln» gebunden,
die der Künstler in selbstverständlicher Weise handhabt, ohne viel Aufhebens darum zu
machen – so wie er in der Vorrede der «Historischen Architektur» eben nur andeutungsweise *«gewisse allgemeine Grund-Sätze... in der Bau-Kunst»* anspricht, *«welche,*

aller Veränderung ungeachtet, ohne offenbahren Übelstand nicht können vergessen werden». Proportionierung und Gliederung seiner Bauten folgen stets dem Kanon der klassischen Säulenordnungslehre, die er in seiner römischen Frühzeit (wie jeder Architekt dieser Epoche) studiert hatte und die ihm – wichtiger noch – im täglichen Umgang mit den Bauten Roms in ihren unterschiedlichen Anwendungsformen anschaulich vor Augen standen. Selbst die bizarrsten seiner Entwürfe sind in diesem allgemeinen Sinn letztlich «römisch» und vermitteln die auf klassische Traditionen gegründete Kunst des Bauens in modernem Gewande nach dem Norden.

Die profunde Vertrautheit mit der Kunst Roms – fallweise ostentativ herausgestrichen, oft aber auch nur in ruhiger Selbstverständlichkeit zur Anwendung gebracht – ist wohl in erster Linie für Fischers rasche Karriere und seinen Aufstieg zum ranghöchsten Architekten des «Heiligen Römischen Reiches Deutscher Nation» verantwortlich gewesen.

II

Fischer hatte freilich kein Monopol auf eine solch «neu-römische Bau-Arth», und so mag es abschließend nützlich sein – schon um der traditionellen Gefahr einer Überschätzung des Künstlers zu entgehen[40] –, sich klarzumachen, daß sein Œuvre eben nur *einen,* wenn auch bedeutenden Bestandteil im reichen Gesamtbild der österreichischen und mitteleuropäischen Barockkunst darstellt. Blättert man etwa Salomon Kleiners vierbändiges Stichwerk über das barocke Wien[41] durch, das einen authentischen und repräsentativen Querschnitt zum Thema vermittelt, so stammen elf der hier dargestellten Barockbauten von Fischer, neun von seinem Rivalen Hildebrandt – die restlichen (mehr als 70!) jedoch von anderen, zum Teil noch gar nicht identifizierten Architekten.

Unsere Kenntnis vom Gesamtgeschehen der Künste in der «Vienna gloriosa barocca» ist also noch lückenhaft, und es fällt somit auch nicht ganz leicht, Fischers Bedeutung für die Entwicklung der Barockarchitektur Wiens – und darüber hinaus für Österreich und Mitteleuropa – eindeutig klarzulegen.

Grundsätzlich war Fischer wohl der wichtigste jener Künstler, die dank ihrer profunden Vertrautheit mit der römischen (und indirekt auch der französischen) Barockkunst der Entwicklung nördlich der Alpen erstmals «internationale» Ausrichtung und Bedeutung gegeben haben[42]. Diese Strömung wurde wesentlich von den führenden Auftraggebern – zunächst dem Adel, später auch von der Geistlichkeit und schließlich auch vom Kaiserhaus – und ihren überregional orientierten Kunstinteressen mitgetragen und mitbestimmt; über Vermittlung dieser Mäzene kamen bald weitere Künstler ins Land – wie etwa der 1690 aus Rom nach Wien «importierte» Domenico Martinelli oder Johann Lucas von Hildebrandt (1697).

In diesem Klima dichter künstlerischer Konkurrenz am damals europaweit bedeutendsten «Umschlagplatz barocker Bauideen» (R. Wagner-Rieger) konnte Fischer auf wichtigen Gebieten eine führende Rolle behaupten – etwa bei den «Lustgebäuden» des Adels oder später im Dienste des Kaiserhauses.

An ebenso bedeutenden Entwicklungen war er oft aber auch nur indirekt oder gar nicht beteiligt, wie etwa bei Bauaufgaben, in denen nach den Regeln des «decorum» umwälzende Neuerungen nicht im Vordergrund standen: so bei den Wiener Stadtpalästen (wo Fischer mehr re-agiert als agiert) oder den repräsentativen Landsitzen des Adels, die ihm kaum je zur Planung oder Ausführung anvertraut wurden (der frühe Ahnensaal auf Schloß Frain/Vranov nad Dyjí bleibt hier eine Ausnahme).

Auch in der Geschichte des barocken Sakralbaues nimmt Fischer eine eigenartig ambivalente Rolle ein : einerseits bestimmt er im Alleingang die kirchliche Architektur des Fürstbistums Salzburg, während er andererseits in Wien keinen einzigen Auftrag erhält (sieht man von dem Sonderfall der Karlskirche als sakrales «Denkmal» für Kaiser und Reich ab). An der Entstehung der für den Kirchenbau im frühen 18. Jahrhundert so bedeutenden «Farbräume» (Melk, Stiftskirche ; Wien, Universitätskirche, Peterskirche) ist er kaum beteiligt, und für den weiten Bereich der Klosterbaukunst ist seine Kunst fast völlig bedeutungslos geblieben.

III

Die Auswirkungen der Kunst Fischers auf die weitere Entwicklung des barocken Bauens in den habsburgischen Ländern sind jedenfalls nicht ganz klar zu überblicken.

Auf einer allgemeinen Ebene der Betrachtung bleibt die durch ihn wesentlich mitbegründete Orientierung des Bauens nach überregionalen Standards dominant und hat entscheidend zur zeitweilig führenden Rolle des österreichischen Barock im europäischen Kontext beigetragen. Viele seiner Bauten haben wohl durch indirekte Vorbildwirkung Nachfolge gefunden, die unmittelbaren Nachwirkungen seines Schaffens sind hingegen geringer. Der in Prag tätige Giovanni Battista Alliprandi ist in einigen seiner Hauptwerke (Liblitz/Liblice, Landschloß; Prag, Palais Přehořovský-Lobkowitz) deutlich «fischerisch» und verbreitet seine Formen über Böhmen, und auch Johann Lucas von Hildebrandt steht – besonders in seinen Frühwerken – merklich unter Fischers Einfluß. Dies wird jedoch bald von einer stärker dekorationsfreudigen Strömung überlagert, für die neben Hildebrandt besonders der bolognesische Dekorationskünstler Antonio Beduzzi wichtig gewesen zu sein scheint; Fischer selbst hat zu dieser neuen Formensprache kaum beigetragen, die die Architektur Wiens ab 1700/1710 mehr und mehr dominiert. Schüler im eigentlichen Sinn hat Fischer ebenfalls nicht gehabt, so daß sein Schaffen nach seinem Tod keine direkte Nachfolge fand. Lediglich sein Sohn Joseph Emanuel führt nicht nur die bereits begonnenen Bauten des Vaters zu Ende, sondern greift auch in seinen weiteren Werken immer wieder auf dessen Ideen zurück.

Das Œuvre Fischers steht heute in einigermaßen klaren Konturen vor uns – auch wenn wir noch nicht alle jener «14 großen Werke» identifizieren können, die der Künstler nach eigener Aussage im Jahr 1693 «unter Handten» hatte. Die Einbindung dieses Schaffens in die Gesamtgeschichte barocker Baukunst in Österreich und Mitteleuropa, die Darlegung der wechselseitigen Beziehungen zwischen Fischer und seinen Zeitgenossen und damit die gültige Definition der Bedeutung des Künstlers in diesem Gesamtgeschehen bleibt jedoch noch eine lohnende Aufgabe für die Kunstgeschichtsschreibung.

Anmerkungen

Die Monographie von H. Sedlmayr (siehe Bibliographie) wird im folgenden verkürzt als «Sedlmayr 1976» zitiert.

1 Sedlmayr 1976, S. 359.
2 P. Werkner, Johannes Paul Schor als römischer «Dekorationsingenieur», in: alte und moderne kunst H. 169, 1980, S. 20−28.
3 A. Blunt, Roman Baroque Architecture − the other side of the medal, in: Art History 3, 1980, S. 61−80.
4 Auch die um 1700 von Andreas Schlüter und kurz darauf von Jean de Bodt geplanten Großprojekte für den Berliner Dom sind in diesem Zusammenhang zu beachten; siehe K. H. Klingenburg, Der Berliner Dom, Berlin (Ost) 1987, S. 28−41.
5 H. Lorenz, Domenico Martinelli und die österreichische Barockarchitektur, Wien 1991.
6 Sedlmayr 1976, Dok. 9.
7 H. Sedlmayr, Die politische Bedeutung des deutschen Barock − Der «Reichsstil», in: Gesamtdeutsche Vergangenheit (= Festschrift für H. v. Srbik), München 1938, S. 126−140; es ist zu beachten, daß diese Studie nicht zufällig im Jahr des «Anschlusses» Österreichs an das Großdeutsche Reich erschienen ist.
8 Das für die Prager Josephs-Kirche bestimmte Projekt geht auf Ideen des römischen Architekten Abrahamo Paris zurück.
9 V. Naňková, Fischer z Erlachu a Martinelli v Thunovské korespondenci, in: Umění XXI, 1973, S. 541/42.
10 H. Lorenz, Kunstgeschichte oder Künstlergeschichte? − Bemerkungen zur Forschungslage der Wiener Barockarchitektur, in: artibus et historiae II, 1981, S. 99−124.
11 Sedlmayr 1976, Dok. 37.
12 Sedlmayr 1976, Dok. 44.
13 Dazu zuletzt H. G. Franz, Die Kirchenbauten J. B. Fischers von Erlach in Salzburg, in: Ars Bavarica, 1990, S. 71−110.
14 F. Fuhrmann, Salzburg in alten Ansichten, Salzburg 1963, S. 307 f.
15 Der kaiserliche Kammerdiener und Architekturdilettant W. W. Praemer hat kurz nach 1670 die wichtigsten dieser Paläste in seinem Ansichtenwerk «Architekturischer Schauplatz» dargestellt (Wien, ÖNB, Cod. ser. nov. 365); siehe H. Tietze, W. W. Praemers Architekturwerk und der Wiener Palastbau des XVII. Jahrhunderts, in: Jahrbuch der kunsthistorischen Sammlungen Wien XXXII, 1915, S. 343−402.
16 Der in einer Zeichnung des Cooper-Hewitt-Museums in New York erhaltengebliebene «Prototyp» des «Lustgartengebäudes» wurde erstmals publiziert bei: J. Connors, Berninis S. Andrea al Quirinale, in: Journal of the Society of architectural Historians XLI, 1982, S. 15−37; Irving Lavin (Fischer von Erlach, Tiepolo and the Unity of the Visual Arts − im Druck) tritt mit bedenkenswerten Argumenten nachdrücklich für eine Autorschaft Fischers an diesem Bautypus ein.
17 V. Naňková, Architektura vrcholného baroka v Čechách, in: Dějiny Českého výtvarného umění II, 2 (hrsg. von J. Dvorsky u. a.), Prag 1989, S. 391−454.
18 J. F. Nette, Adeliche Land- und Lusst-Häuser nach Modernen Gout, Augsburg o. J.; F. Ph. Florinus, Oeconomus prudens et legalis . . . T II, Nürnberg 1719.
19 «[Fischer] setzte mit einem Schlag die schöpferische Leistung des Deutschen gegen alles Italienische durch und überbot es . . . Mit Fischers genialer Kraft hatte der Norden die Führung . . . an sich gerissen»: B. Grimschitz, Die Baukunst in Wien und Niederdonau von etwa 1690 bis um 1780, in: Die Bildende Kunst in Österreich − Barock und Rokoko (hrsg. v. K. Ginhart), Baden 1939, S. 87, 92.
20 Sedlmayr 1976, Dok. 88.
21 B. Grimschitz, Johann Lucas von Hildebrandt, Wien 1959.
22 W. G. Rizzi, Antonio Beduzzi und die bolognesische Dekorationskunst in der Wiener Architektur um 1700, in: Wien und der europäische Barock (= Akten des XXV. Internationalen Kongresses für Kunstgeschichte, Wien 1983, Band VII), Wien 1986, S. 55−63.
23 M. D. Pöppelmann, Vorstellung und Beschreibung des . . . Zwinger-Gartens, Dresden 1729.
24 H. Marx (Hrsg.), Matthäus Daniel Pöppelmann, Leipzig 1989.
25 Ob Fischer 1704 auch England besucht hat und dort mit frühen Beispielen des Palladianismus konfrontiert worden ist − wie häufig angenommen wird −, ist einigermaßen fraglich. «Palladianische» Anregungen für seinen späten Stil sind konkret jedenfalls kaum nachzuweisen.
26 W. Oechslin, Fischer von Erlachs «Entwurff einer Historischen Architectur»: die Integra-

tion einer erweiterten Geschichtsauffassung in die Architektur im Zeichen des erstarkten Kaisertums in Wien, in: Wien und der europäische Barock (wie Anm. 22), S. 77–81.

27 Sedlmayr 1976, Dok. 119a.

28 Grundlegend dazu F. Matsche, Die Kunst im Dienst der Staatsidee Kaiser Karls VI., Berlin/New York 1981.

29 Ch. Benedik, Die Wiener Hofburg unter Kaiser Karl VI. – Probleme herrschaftlichen Bauens im Barock, phil. Diss. Wien (maschinenschr.) 1989.

30 A. Höller, Augusta Carolinae Virtutis Monumenta, Wien 1733; vgl. Matsche (wie Anm. 28), S. 386–427.

31 Grundlegend dazu H. Sedlmayr, Die Schauseite der Karlskirche in Wien, erstmals in: Kunstgeschichtliche Studien für Hans Kauffmann, Berlin 1956, S. 262–271.

32 Th. Zacharias, Joseph Emanuel Fischer von Erlach, Wien 1960.

33 Sedlmayr 1976, Dok. 148a.

34 G. Kunoth, Die Historische Architektur Fischers von Erlach, Düsseldorf 1956.

35 E. Hubala, Ein Albumblatt J.B. Fischers von Erlach, in: Wiener Jahrbuch für Kunstgeschichte XLII, 1989, S. 243–251.

36 Siehe das Heft 4 von «Daidalos», Berlin 1982 («Dinokrates – Legende und Mythos megalomaner Architekturstiftung»).

37 Siehe Oechslin (wie Anm. 26).

38 Ch. Schädlich, Leonhard Christoph Sturm 1669–1719, in: Große Baumeister II (hrsg. v. d. Bauakademie der DDR), Berlin 1990, S. 91–139.

39 So noch der – reichlich alberne – Titel einer 1987 in Charleroi und Brügge unter der Schirmherrschaft der Republik Österreich abgehaltenen Ausstellung: «Münzen und Medaillen des Österreichischen Heldenzeitalters – 1683–1794» (hrsg. v. H. Jungwirth).

40 Nicht zu Unrecht ist der österreichischen Barockforschung der Vorwurf des «Fischerozentrismus» gemacht worden (E. Řehová, Činnost J.B. Fischera z Erlachu na Moravě, in: Umění 16, 1968, S. 127–162). Ein anschauliches Beispiel einer solch einseitigen Sicht z. B. bei K.M. Swoboda, Die Kunst des 18. Jahrhunderts (= Geschichte der Bildenden Kunst, Band 8), Wien/München 1982.

41 S. Kleiner, Vera et accurata delineatio..., 4 Bde., Augsburg 1724–1737; unter dem Titel «Das florierende Wien» als handlicher Reprint erschienen (Dortmund 1979 = «Die bibliophilen Taschenbücher» 104).

42 H. Lorenz, Zur «Internationalität» der Wiener Barockarchitektur, in: Wien und der europäische Barock (wie Anm. 22), S. 21–30.

1687 Graz, Mausoleum Kaiser Ferdinands II., Stuckausstattung

Auftraggeber: Kaiser Leopold I. / Hofkammerpräsident Franz Adam Graf von Dietrichstein

Die Stuckausstattung des 1614 von Pietro de Pomis errichteten, im Inneren jedoch unfertig gebliebenen Mausoleums ist das früheste Werk Fischers nach seiner italienischen Studienzeit. Auf seine für 1687 gesicherten Entwürfe geht die Stuckierung beider Kuppeln des Baues zurück, sowohl der Katharinenkirche *(«templum»)* als auch des eigentlichen Mausoleums *(«sacellum»)*; die Ausführung (1688 ff.) besorgten italienische Stukkateure (Giuseppe Sereni, Girolamo Rossi).

Die kräftig durchgeformten Akanthusrahmen des Stucks sind mit nahezu dreidimensional gebildeten Figuren bereichert; Fischer knüpft hier sowohl an die regionale Tradition des späteren 17. Jahrhunderts als auch an römische Ideen (Antonio Raggi) an. Das – wohl nicht von Fischer stammende – Programm der Ausstattung zielt auf die Glorifizierung des Hauses Habsburg und die Tugenden Kaiser Ferdinands II.

45 Graz, Mausoleum, Katharinenkirche, Stuckdekoration.

Ab 1687/88   Wien, Pestsäule am Graben
Auftraggeber: Bruderschaft der Heiligen Dreifaltigkeit

Eine zunächst in Holz ausgeführte Gedenksäule an die Pest von 1679 wurde ab 1687 durch ein aufwendiges Denkmal in dauerhaften Materialien (Marmor, Bronze) nach einem neuen Modell ersetzt (Grundsteinlegung durch Kaiser Leopold I. am 30. Juli 1687).

An diesem neuen Entwurf waren sowohl Paul Strudel als auch Lodovico Burnacini und Fischer beteiligt. Fischers Ideen sind dabei konkret nicht ganz klar zu fassen; aufschlußreich für den Sturm und Drang seiner Frühzeit ist freilich seine Absichtserklärung, hier an Stelle der bereits gängig gewordenen Gedenksäulen etwas «*Ungemeines zu inventieren*».

Mit einiger Sicherheit geht die Gestaltung der beiden Untergeschosse auf Fischer zurück, der auch die Entwürfe für die Reliefs in diesem Bereich geliefert hat (Ausführung durch Johann Ignaz Bendl).

An dem faszinierenden und folgenreichen «*neuen Inventum*» der Anlage jedoch, die traditionelle Säule durch einen wolkenumkleideten Obelisken zu ersetzen, hat Fischer bestenfalls indirekten Anteil. Diese Idee stammt vom kaiserlichen Hofarchitekten Lodovico Burnacini (Skulpturen von Paul Strudel).

Nessenthalers Stich stellt den stufenweisen Übergang des Bildwerkes in einen imaginierten Himmelsraum dar und lehrt, wie ein solches Gebilde mit barocken Augen gesehen wurde.

46 Wien, Pestsäule, Sockelzone.

47 Wien, Pestsäule (Stich von E. Nessenthaler, 1696).

Ab 1687/88 Eisgrub/Lednice, Stallungen
Auftraggeber: Johann Adam Andreas Fürst Liechtenstein

In einem Dokument von 1688 *(«der vom Fischer gemachte Riss»)* wird der Künstler explizit als Autor des bereits 1687 begonnenen Baues genannt. Er war hier in der Gestaltung an einige Vorgaben gebunden, wie etwa die vom theoretisierenden Vater des Bauherrn, Fürst Karl Eusebius von Liechtenstein, hinterlassenen Anweisungen zum Bau von Stallungen, konnte aber dennoch eine überzeugende und nach damaligen Standards moderne Lösung der etwas spröden Bauaufgabe finden.

Der bereits von Anfang an als Vierflügelanlage geplante Bau wurde in einzelnen Etappen realisiert (der vierte Flügel blieb unausgeführt), wobei es nach 1690 zu einigen Änderungen an Fischers Projekt kam; seine Grundidee blieb jedoch verbindlich: Bestimmend ist das Motiv der kräftigen Doppelpilaster, das sich häufig an frühen Bauten Fischers findet und hier in verschiedenen Abstufungen (zum Teil nur in aufgemalter Form) den Bau außen wie innen überzieht und tektonisch plausibel gliedert. An den Portalen steigert sich die Gliederung zu gekoppelten Freisäulen; die kräftigen, mit Skulpturen besetzten Aufsätze gehen wohl bereits auf Domenico Martinelli zurück, der Fischer hier ab 1690 als planender Architekt abgelöst hat.

Im Zentrum des Hofes plante Fischer eine aus runden Schwüngen und Sichelformen gebildete Pferdeschwemme, die einen effektvollen Kontrast zur strengen Architektur bilden sollte; sie wurde wahrscheinlich nicht realisiert, hat sich jedenfalls nicht erhalten.

Gemäß dem hohen Rang der Pferdezucht im adeligen Leben der Barockzeit galt der Stallungsbau als hochwertige Bauaufgabe: *«denn die Wehsenheit eines vornehmen Palatii ist, den stall schen und zierdt zu haben»,* hatte der Vater des Bauherrn, Karl Eusebius von Liechtenstein, gefordert.

Fischers weitläufiger Vierflügelbau wurde als veritables «Schloß der Rosse» (Sedlmayr) dem kleinen Landschlößchen Eisgrub als monumentaler Kontrapost zur Seite gestellt und übertraf dieses im Reichtum der architektonischen Gliederung.

48 Eisgrub, Stallungen, Fassade.

49 Eisgrub, Stallungen, Hof (Stich von J. A. Delsenbach, um 1720).

1688 Wien XII, Schloß Schönbrunn,
Erster Entwurf («Venerie Imperiale»)

Adressat: Kaiser Leopold I.

Die Initiative zu diesem Projekt dürfte von Fischer selbst ausgegangen sein. Der eben erst aus Italien nach Wien zurückgekehrte Künstler stellt mit diesem ideal-utopischen Präsentationsstück dem Kaiser als höchstem Auftraggeber seine architektonische Inventionskraft vor. An eine Realisierung war nicht zu denken, dazu ist auch der Plan für das eigentliche Jagdschloß-Gebäude zu unausgegoren (Fassadenbildung zum Garten hin, Belichtung und Abfolge der Räume).

Der Bau selbst, mit anderthalb Geschossen auffallend niedrig für eine Anlage mit Residenzanspruch, lagert breit hingegossen auf der Höhe des Schönbrunner Hügels. Ein Sockelgeschoß scheint zu fehlen – doch lehrt ein zweiter Blick, daß die gesamte durch wuchtige Pfeilerarkaden gebildete oberste Terrasse des Hügels als weitausladender Sockel konzipiert ist und dem Bau erst die «richtigen» Proportionen gibt (die freilich nur in der Perspektive der Stichansicht erfahrbar werden). Sukzessive erfolgt der Übergang zu weiteren Terrassenstufen – der gesamte Hügel ist als weit zerdehnter Sockel des Schlosses konzipiert.

Somit ist nicht die «Venerie», sondern ihre Einbindung in eine terrassierte Stufenlandschaft das eigentliche künstlerische Thema des Präsentationsblattes (man erinnert sich dabei, daß Fischer die ebenfalls architektonisch-terrassierte Umgestaltung der «Isola Borromeo» als eindrucksvoll empfundenes «exemplum» in sein Stichwerk aufgenommen hat – vgl. Abb. 41). Nicht das Ziel, sondern der darauf zuführende Weg wird hier zur Schau gestellt, die architektonisch gestaltete Auffahrt, die den Besucher von dem triumphsäulenflankierten Portal in der Ebene zunächst über einen weiten Turnierplatz und sodann auf langen Wegen über Terrassen und Rampen hügelan führt. Dies alles «funktioniert» jedoch nur in der papierenen Realität der Vogelperspektive des Präsentationsstiches. Versucht man, dieses eindrucksvoll inszenierte Schaubild in die topographische Realität des vorgesehenen Bauplatzes überzuführen, so ist das Ergebnis ziemlich ernüchternd: der Schloßbau selbst wäre etwa vom Eingang aus gar nicht zu sehen.

Die aufwendige Symbolik läßt erkennen, daß sich der Künstler hier bemüht hat, der ranghöchsten imperialen Sphäre des Bauens gerecht zu werden. Tatsächlich war mit diesem Projekt wohl eine «Antwort» auf das Versailles des Sonnenkönigs angestrebt – eine Parallele, die freilich in der Interpretation nicht überstrapaziert werden sollte (so ist etwa die im Hintergrund angedeutete Gartenanlage im Vergleich zu Versailles von geradezu kümmerlicher Einfallslosigkeit). Es ist jedenfalls fraglich, ob Fischers Projekt tatsächlich eine tragfähige Basis für einen immer wieder heraufbeschworenen habsburgischen «Reichsstil» bietet.

Der von der Literatur zumeist etwas überschätzte Entwurf («erste adäquate architektonische Darstellung des Kaisertums der Neuzeit», «absolutes Schloß»), dessen Apologeten an den evidenten Ungereimtheiten und Mängeln der Anlage gezielt vorbeisehen, ist in mancher Hinsicht auch eine erschreckende Vision einer rigorosen Architekten-Baukunst: mit übersteigertem Selbstbewußtsein hat hier der Architekt Fischer die Herrschaft über die natürliche Landschaft angetreten und den gesamten Hügel zu einer kahlen, vegetationslosen Folge von Rampen und Terrassen umgeformt, der einer artifiziellen Belebung durch zahlreiche Staffagefiguren – wie auf dem Stich – tatsächlich bedarf, um überzeugend zu wirken.

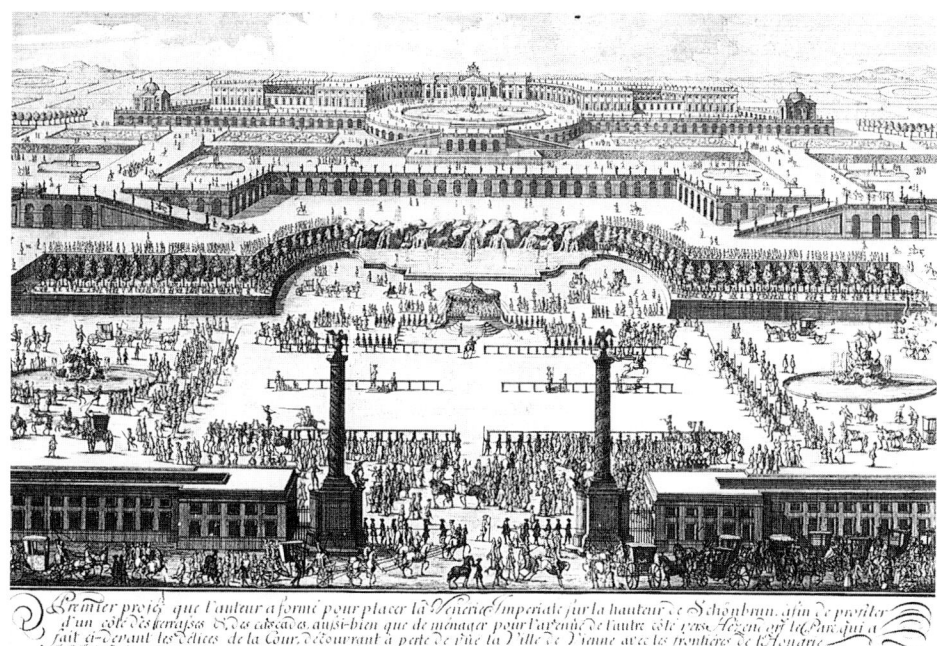

50 Wien, Schloß Schönbrunn, Erster Entwurf («Historische Architektur», Bd. IV, Tf. 2).

51 Wien, Schloß Schönbrunn, Erster Entwurf, Detail («Historische Architektur», Bd. IV, Tf. 2).

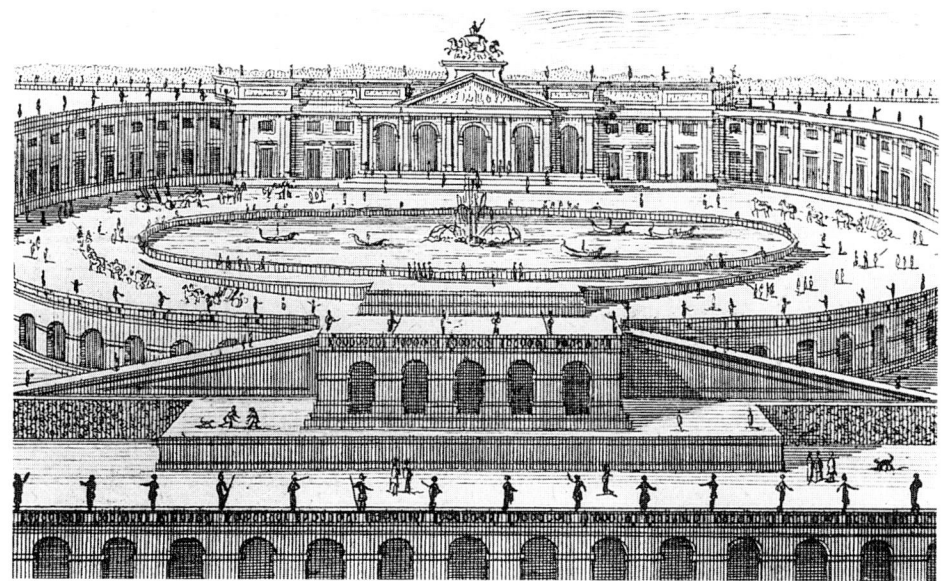

Um 1688   Ehrenhausen, Mausoleum, Stuckausstattung

Auftraggeber: Johann Christian von Eggenberg

Ebenso wie das Grazer Mausoleum war auch der ab 1609 für die Familie Eggenberg errichtete Memorialbau in Ehrenhausen im Inneren unfertig geblieben. Johann Christian von Eggenberg hat den frühen Aufenthalt Fischers in Graz für ein Projekt genutzt, das in den folgenden Jahren von denselben Stukkateuren wie in Graz ausgeführt wurde. Fischer bereichert auch hier die Ausstattung mit figuralen Akzenten, bleibt grundsätzlich jedoch dem spätmanieristischen Charakter des Baues stärker verbunden.

52 Ehrenhausen, Mausoleum, Stuckdekoration.

Um 1688 Wien IX, Gartenpalais (Projekt) und «Belvedere» Liechtenstein

Auftraggeber: Johann Adam Andreas Fürst Liechtenstein

Fürst Liechtenstein hatte 1687 einen weitläufigen Baugrund in der Roßau gekauft, um hier – als einer der ersten Adeligen Wiens – einen großen Gartenpalast zu errichten. Nach erfolglosen Bemühungen um Entwürfe aus Venedig und Rom scheint er um 1688 Fischer mit der Planung betraut zu haben. Der Entwurf für ein «Fürstliches Lustgarten-gebäude» – zunächst als reine Idealplanung angesehen – ließ sich auf Grund des einge-tragenen Wappens als konkretes Projekt für den Roßauer Bau identifizieren.

Fischer wandelt hier eines der prägenden Leitbilder seiner Architektur – das soge-nannte «Lustgartengebäude», das er bis in sein spätes Schaffen immer wieder variiert hat (vgl. Abb. 20–25) – in besonders aufwendiger Form ab. Der breit hingelagerte, aus einzelnen Baukuben locker zum Ganzen gefügte und dreidimensional durchgeglie-derte Bau ist reich mit borromineskren Fensterädikulen, Reliefs und Skulpturen geziert. Die innere Raumaufteilung ist einfach und entspricht dem Typus einer suburbanen, vor-rangig dem sommerlichen Gartenvergnügen gewidmeten «maison de plaisance»: das Erdgeschoß ist im Zentrum als felsige Grotte gebildet und gehört der Sphäre des Gar-tens an, darüber liegt – durch eine Freitreppe erschlossen – der mit gekoppelten Frei-säulen gezierte Saal. Das im Schnitt anskizzierte Dach sollte im Erscheinungsbild des Baues sichtlich nicht mitsprechen.

53 Projekt für das Gartenpalais Liechtenstein in Wien («Fürstliches Lust-Garten-Gebäude»).

54 Projekt für das Gartenpalais Liechtenstein in Wien, Schnitt.

55 Wien, Gartenpalais Liechtenstein, Gesamtgrundriß (Zeichnung von S. Kleiner, um 1730).

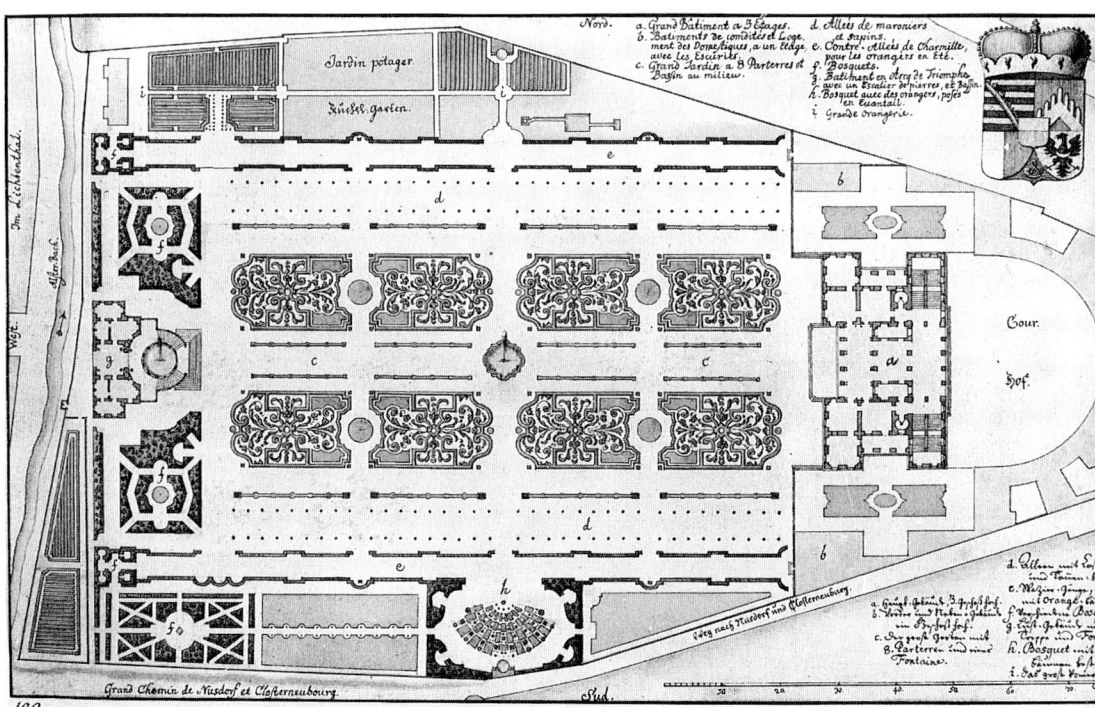

Wohl aus funktionalen und repräsentativen Gründen verwarf Fürst Liechtenstein diese «glanzvollste Invention im frühen Schaffen Fischers» (Sedlmayr) – die für die weitere Entwicklung der Wiener Gartenpaläste dennoch höchst folgenreich werden sollte – und ließ ab 1690 durch Domenico Egidio Rossi und Domenico Martinelli einen veritablen «Palazzo in Villa» errichten.

Fischers Ideen haben dennoch in der Roßauer Anlage ihren Niederschlag gefunden, denn offensichtlich geht die Idee einer «zweipoligen» Verbauung des Gartens auf ihn zurück: dem Palast am Beginn des Gartens steht das kleine Casino an seinem Ende als Pendant gegenüber, mit dessen Errichtung spätestens 1689 nach Fischers Plänen begonnen wurde. Der luftige Bau, dessen überhöhtes Zentrum einen freien Aussichtsplatz rahmt – deshalb der gängige Name «Belvedere» –, beschließt somit als architektonischer Akzent den Garten, leitet aber zugleich in die umgebende Landschaft über. Fischers Gesamtkonzept sah enge gestalterische Bezüge zwischen den beiden Bauten vor. So hätte der konvex vortretende Mittelteil des «Lustgartengebäudes» in der zentralen konkaven Einschwingung des Casinos seine Entsprechung gefunden, dessen schmale Risalitvorsprünge wiederum hätten recht exakt den Rücklagen am Hauptbau «geantwortet». Offensichtlich hatte Fischer vor, die beiden Bauwerke in einem geistreichen Wechselspiel von Positiv- und Negativformen miteinander in gestalterische Beziehung zu setzen.

Als der Bauherr den Palast ab 1690 nach grundlegend verändertem Konzept errichten ließ, zog dies dann auch funktionale und formale Veränderungen an Fischers Belvedere nach sich. Wie seine Ansicht aus der «Historischen Architektur» zeigt, wollte er den kleinen Bau mit einer weiten, mehrfach abgestuften Treppenanlage in den Garten einbinden, so daß nur ein knappes Sockelgeschoß in Erscheinung getreten wäre. Da jedoch die von Fischer zunächst im Hauptbau vorgesehene Grotte dort nicht realisiert wurde, mußte sie im Erdgeschoß des Belvederes untergebracht werden. Der Bau wurde nun freigestellt und das Erdgeschoß in voller Höhe architektonisch neu gegliedert (ab etwa 1699 nach Plänen Domenico Martinellis). Nunmehr führte eine steile Freitreppe zu dem zentralen Aussichtsplatz in der Mitte des Baues, von dem aus sowohl der Garten und die landschaftliche Umgebung als auch die unmittelbar hier anschließende Vorstadt «Liechtenthal» zu überblicken war. Die Grundidee zu dieser weiträumigen Konzeption geht wohl noch auf Fischer selbst zurück.

56 «Belvedere Liechtenstein», Ansicht aus der «Historischen Architektur» (Bd. V, Tf. 12).

57 «Belvedere Liechtenstein», Rekonstruktion des Grundrisses.

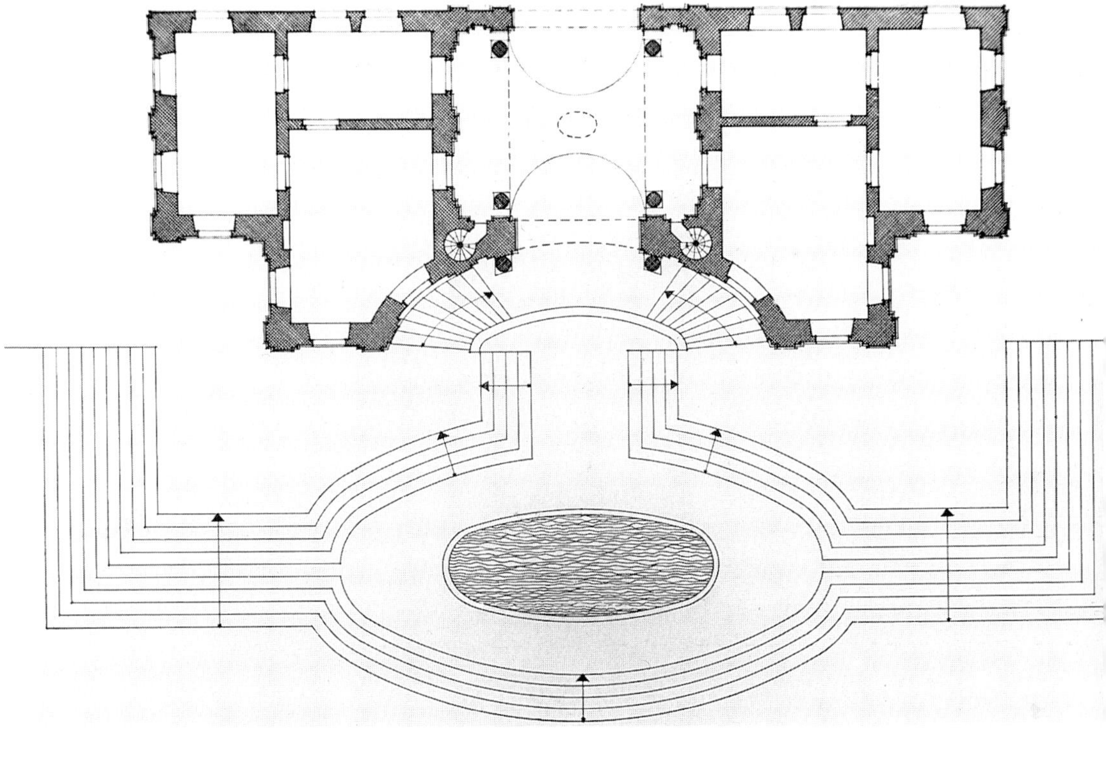

Um 1688 Entwurf für ein Bergschloß («Landgebäude»)

Auftraggeber: Johann Adam Andreas Fürst Liechtenstein (?)

Das in mehreren szenographisch inszenierten Ansichten (Abb. 7) und einem exakten Grundriß überlieferte Projekt gilt zumeist als reines Schreibtischprodukt des jungen Künstlers, hatte jedoch vielleicht einen konkreten Hintergrund: Fürst Johann Adam von Liechtenstein, einer der ersten Auftraggeber des jungen Fischer, scheint kurzfristig gewillt gewesen zu sein, die hinterlassene Idee seines Vaters zu einem Neubau von Schloß Feldsberg in Mähren in die Tat umzusetzen. Fischers Projekt ließe sich mit dieser Idee eines isoliert auf einem Hügel liegenden Landgebäudes gut in Einklang bringen.

Ähnlich wie im gleichzeitigen Ahnensaal von Frain zelebriert Fischer hier den Effekt monumentaler stereometrischer Baukörper in der Landschaft. Der klar definierte und – der besseren Fernwirkung wegen – auf einen hohen Sockel gesetzte Zylinder des Hauptbaues dominiert über die niedrigen Trakte des umgebenden Hofes, in denen die konvexen Ovalpavillons mit den konkav eingeschwungenen Längsseiten kontrastieren. Angesichts der evidenten funktionalen Probleme einer solchen «ganz auf Körper und Prospektwirkung bedachten Architektur» (Sedlmayr) verwundert es nicht, daß das Projekt unrealisiert blieb. Fischer scheint dieses «ungemeine» Werk seines frühen Sturmes und Dranges jedoch bis ins hohe Alter geschätzt zu haben und hat es in seiner «Historischen Architektur» als Hintergrundsarchitektur verwendet (Band V, Bl. 11).

58 Projekt für ein Bergschloß, Grundriß.

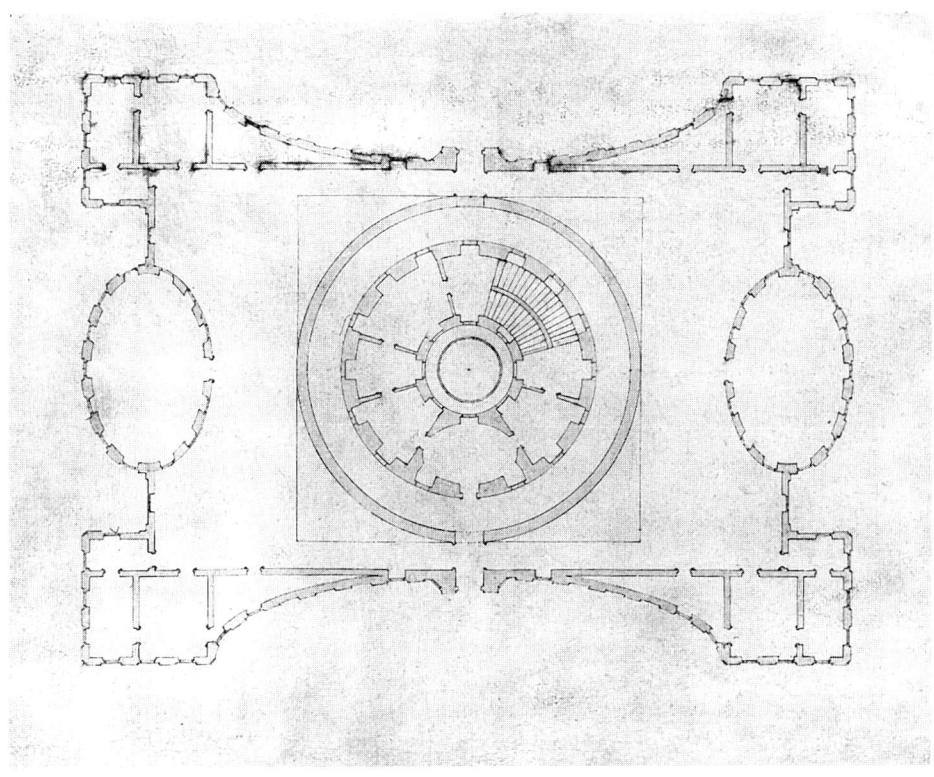

Um 1688/89   Frain/Vranov nad Dyjí, Ahnensaal

Auftraggeber: Johann Michael II. Graf Althan

1688 erkundigt sich der Bauherr danach, *«ob derjenig, so bey dem Cavaglier Bernini 16 jahr sich aufgehalten, Fischer heysse»,* war also an einem mit der Kunst Italiens vertrauten Künstler interessiert. Anlaß dafür war der Umbau des Bergschlosses Frain. Ob Fischer mit der Renovierung der Gesamtanlage betraut war, ist ungewiß; mit Sicherheit gehen nur der große Saalbau sowie die spätere Kapelle (siehe S. 112) auf ihn zurück.

Der Ahnensaal ist eines der ungewöhnlichsten Werke im Schaffen Fischers, darüber hinaus auch eine ganz exzeptionelle Lösung im barocken Schloßbau Mitteleuropas, eigenartig zwischen urtümlicher Wucht und gleichsam zeitloser Modernität oszillierend, gänzlich ohne Vorbild und Nachfolge. Fischer hat die nicht eben alltägliche Aufgabe eines profanen Ruhmestempels konsequent zu einem architektonischen Denkmal genutzt. Dem Architekten war hier sichtlich freie Hand gelassen, eine der Leitideen seines frühen Schaffens zu verwirklichen: einen stereometrisch einfachen, klar definierten

59 Frain, Schloß, Ansicht.

Baukörper von gewaltigen Dimensionen der Naturlandschaft kontrastierend entgegenzusetzen – hier effektvoll auf die Spitze eines hohen Felsspornes über dem Tal der Thaya placiert. Der ovale Mauerzylinder – ursprünglich mit flachem Dach, was die Klarheit seiner einfachen Form noch unterstrichen hat – steht fast frei, überragt das eigentliche Schloß erheblich und ist ihm nur an einer Schmalseite lose verbunden (wodurch auch der Innenraum von allen Seiten gleichmäßig Licht erhält). Die sparsame, fast plumpe Außengliederung mit breiten Lisenen ist ganz auf Fernsicht berechnet.

Der Innenraum ist als Kuppelrotunde in gelängtem Oval gebildet. Die enorme Stärke des Mauerwerks wird nicht verschleiert, sondern durch die tiefen Fensternischen und besonders die weit in die Wölbung gezogenen Ochsenaugen noch unterstrichen, geradezu ostentativ vor Augen geführt. Eine Zusammenarbeit Fischers mit J. M. Rottmayr, dem Schöpfer der malerischen Ausstattung (1695), ist wahrscheinlich und hat in feiner Abstimmung zwischen Architektur und Malerei zu einem der frühesten «Farbräume» des Barock in Mitteleuropa geführt. Thema der Ausstattung ist der Ruhm des Hauses Althan und seiner wichtigsten Vertreter, deren Statuen in die Nischen der Wandpfeiler eingestellt sind.

60 Frain, Schloß, Ahnensaal, innen.

1690 Wien, Ehrenpforten für Joseph I.

Auftraggeber: Fremde Kaufleute («Niederleger») / Magistrat der Stadt Wien

Anlaß für die Errichtung von insgesamt drei Ehrenpforten war die Rückkehr von Kaiserpaar und Thronfolger nach Josephs Krönung zum römischen König am 4. Juni 1690. Zwei Tore wurden Fischer in Auftrag gegeben, das dritte Peter Strudel.

Gemessen an den bis dahin üblichen Triumphbögen sind Fischers Entwürfe «ungemein» und haben der Gestaltung dieser Bauaufgabe neue Dimensionen erschlossen. Die Pforte der fremden Niederleger, zu der sich eine eigenhändige Zeichnung Fischers erhalten hat (im Durchblick erscheint im Hintergrund Fischers zweites Tor der Wiener Bürgerschaft), erinnert grundsätzlich noch an antike Triumphtore, doch wird die kompakte Schwere der Architektur weitgehend aufgelöst. Die auf niedrige Durchgänge gestellten Spiralsäulen sind vor fahnenverhängte Nischen gesetzt, die das Mauerwerk verschleiern, der hohe Mittelbogen ist weit geöffnet, seine Bekrönung vollständig mit Skulpturen und Reliefs besetzt. In der darüberliegenden, wie eine Strahlenmonstranz gebildeten Zone dominiert die Skulptur vollends, hier ist dann auch das Zentrum des vom Wiener Domkanoniker Karl Joseph de la Bresche ausgearbeiteten ikonographischen Programmes: Auf der von Personifikationen der vier Erdteile getragenen Erdkugel thront das Kaiserpaar, davor erscheint der jugendliche Thronfolger als Sonnengott in der Aureole. Statuen von Herkules und Simson symbolisieren die Stärke, gefesselte Türken die überwundenen Feinde von König, Kaiser und Reich. Personifikationen der Religion flankieren die Komposition. Malerei und Vergoldung haben die reiche Wirkung ursprünglich noch gesteigert.

Fischer konnte hier erstmals seine in Rom erworbenen Kenntnisse – sowohl der Antike als auch der modernsten hochbarocken Dekorationskunst – voll ausspielen und öffentlich präsentieren. Der Erfolg muß durchschlagend gewesen sein, besonders in den Reihen der «deutschen» Hofpartei um den Thronfolger, die in diesen Werken die Überlegenheit der einheimisch-deutschen Künstler feierte: *«Und dieses war ein schöner Triumph- und Ehrentag ... an welchem die Teutsche Kunst und Geschicklichkeit wider die Hochachtung der Außländer in den Gemüthern aller Zuschauer einen sehr herrlichen Sieg erhalten hat»* (H. J. Wagner von Wagenfels, Ehren-Ruff Teutschlands ..., 1691). Deutschnationale Konnotationen dieser Art haben die Beschäftigung mit der Kunst Fischers bis in die jüngste Zeit begleitet.

61 Wien, Ehrenpforte der «Fremden Niederleger».

1690 Brünn/Brno, Brunnen auf dem «Krautmarkt»

Auftraggeber: Magistrat der Stadt Brünn

1690 bittet der Brünner Magistrat Fischer um *«Risse wegen der Aufrichtung einer neuen Fontaine»*. Fischer schlägt in seinem Projekt ohne viel Umschweife fast denselben Brunnen vor, den er zwei Jahre zuvor im Eingangshof für Schönbrunn vorgesehen hatte (vgl. Abb. 50). Er zeigt auf felsigem Terrain – die Idee ist Berninis Vierströmebrunnen auf der Piazza Navona in Rom entlehnt – in der mittleren Grottenöffnung Herkules und Cerberus, umgeben von den Personifikationen der drei antiken Weltreiche (Babylon, Persien, Griechenland); auf der Spitze steht eine Frauenfigur («Europa») als Symbol des Heiligen Römischen Reiches Deutscher Nation. Ein solches Programm paßt zu Schönbrunn als imperialer Schloßanlage. Welche Überlegungen den Brünner Magistrat zu einer derartigen Reichsallegorie bewogen haben, ist noch nicht völlig geklärt.

62 Entwurf für den Brunnen am Krautmarkt in Brünn.

Mit einigen Änderungen (Form des Wasserbeckens) wurde der Brunnen in den folgenden Jahren bis 1696 fertiggestellt. Die Ausführung ist etwas plump – und zeigt, daß die lokalen Steinmetzen ihre Schwierigkeiten hatten, einen Felsblock so zu behauen, daß er wie ein «natürlicher» Felsen aussieht.

63 Brünn, Brunnen am Krautmarkt.

Um 1690   Wien IX, Gartenpalais Althan

Auftraggeber: Christian Johann Graf Althan

Die Datierung des Baues ist nicht völlig geklärt; in jedem Fall gehört er in den Anfang der neunziger Jahre des 17. Jahrhunderts und damit zu den frühesten Gartenpalästen Fischers in Wien und muß tatsächlich zu dieser Zeit «ganz ‹exotisch› und sensationell gewirkt haben» (Sedlmayr).

Grundidee ist die Kombination eines zentralen, überhöhten ovalen Saalbaues mit vier kurzen und niedrigeren Flügeln in Form eines Andreaskreuzes; das Ganze war ursprünglich flach gedeckt (vgl. Abb. 28), wodurch der Kontrast zwischen Mitte und Flanken, zwischen Zylinder und Kubus noch schärfer in Erscheinung trat. Eine solche Kombination einfacher stereometrischer Grundformen des Bauens ist die leitende Idee aller frühen Gartenpaläste Fischers und war in einer solch extremen Ausformung wohl auch nur vor dem weitgehend traditionslosen Hintergrund der in Wien nach 1683 zu rascher Blüte gekommenen Bauaufgabe «Lustgebäude» möglich. Die Anregungen zu dieser unkonventionellen Lösung dürfte Fischer bei seinem römischen Studienaufenthalt gewonnen haben (vgl. Abb. 29). Spätere Bauten gleicher Konzeption in Frankreich (G. Boffrand) oder Italien (F. Juvarra) gehen also nicht unmittelbar auf diesen Bau Fischers zurück, sondern gemeinsam mit ihm auf Vorbilder, die im römischen Kreis um Bernini ersonnen wurden.

Das niedrige Untergeschoß enthielt in den Seitenflügeln Wirtschaftsräume, im Zentrum einen direkt mit dem Garten kommunizierenden ovalen Grottenraum (in den aber eigenartigerweise eine Kapellennische eingefügt war). Im Obergeschoß, ursprünglich nur von außen über eine Freitreppe zugänglich, dominierte der große Saal, an den sich reduzierte Appartements anschlossen. Die flachen Dächer konnten als Aussichtsterrassen genutzt werden.

Nach späteren Veränderungen (u. a. Aufsetzen von Steildächern) wurde der Bau 1869 abgebrochen.

64 Wien, Gartenpalais Althan (Aufnahme vor 1869).

65 Wien, Gartenpalais Althan, Grundriß.

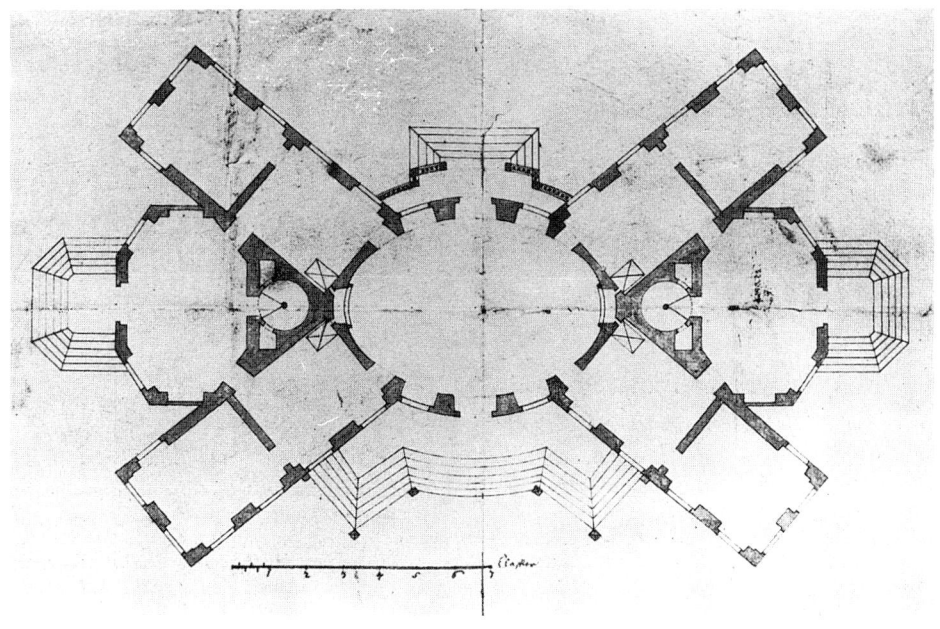

Um 1691 Wien II, Gartenpalais Leeb im Augarten
Auftraggeber: Zacharias Leeb (Löw)

Kurz nach dem Erwerb des Baugrundes (1688) ließ sich der Handelsmann und kaiserliche Rat Leeb in unmittelbarer Nachbarschaft der kaiserlichen Sommerresidenz «Favorita» am Augarten ein kleines Gartenpalais errichten. Fischers Autorschaft ist durch Dokumente nicht belegt, kann aus stilistischen Gründen jedoch als sicher gelten.

Der Bau ist durch den markanten Kontrast zwischen dem überhöhten und oval vortretenden Mittelrisalit und den durch schmale Rücklagen abgesetzten kubischen Seitenteilen geprägt; dieses Leitmotiv von Fischers Formensprache für die Bauaufgabe «Gartenpalast» ist hier erstmals in Wien realisiert worden. Ursprünglich war der Bau flach gedeckt, was die stereometrische Klarheit der Komposition noch unterstrichen hat. Bendls Ansicht von 1898 zeigt bereits einen veränderten Zustand (aufgesetztes Mezzaningeschoß, Dach), läßt aber grundsätzlich noch die ursprüngliche Konzeption der – später erheblich erweiterten und veränderten – Anlage erkennen.

Im ovalen Saal hat sich das originale Deckenfresko von Jonas Drentwett erhalten, das in Anspielung auf den Beruf des Bauherrn den Segen des Handels darstellt.

66 Wien, Gartenpalais Leeb (Ansicht von E. Bendl, 1898).

1692/93 Wien I, Stadtpalais Strattmann

Auftraggeber: Theodor Heinrich Graf Strattmann

Der erste Auftrag für die Gestaltung eines repräsentativen Stadtpalastes an Fischer erging durch den Hofkanzler Strattmann, damals eine der einflußreichsten Persönlichkeiten Wiens (vgl. auch S. 79 f.), der 1692 im Zentrum des «Herrenviertels» einen mäßig großen Baugrund erworben hatte. Schräg vis-à-vis war eben der große Liechtenstein-Palast nach den Plänen von Fischers Rivalen Domenico Martinelli im Bau, in dem erstmals monumentale Architektur römischer Prägung in Wien vor Augen stand.

In der Gestaltung der Fassade wird denn auch deutlich, daß Fischer den Ideen seines Kontrahenten «antwortet»: Die Akzentuierung durch kräftige Seitenrisalite, Martinellis erfolgreiches «Leitmotiv» für Palastfassaden (vgl. Abb. 16), wird hier aufgegriffen, aber in einer für Fischer sehr bezeichnenden Weise umgestaltet. Während Martinellis Fassaden auf formale Einheitlichkeit des Gesamten abzielen und zudem auf plastischen Dekor fast völlig verzichten, setzte Fischer auf Kontraste und verdeutlicht sie durch skulpturale Elemente. So sind die Kolossalpilaster der Seiten scharf gegen die kleinteilige Gliederung der mittleren Rücklage abgesetzt, in dessen Mezzaningeschoß Skulptur

67 Wien, Stadtpalais Strattmann, Fassade (Stich von S. Kleiner, um 1730).

(verdoppelte Atlantthermen) und reiche Bauzier dominieren und die Wand im «horror vacui» fast vollständig besetzen. Auch das Portal betont mit schräggestellten Säulen und dem schiffsbugartig vortretenden Balkon die dreidimensionalen Qualitäten architektonischer Form. Fischer hat hier seine Fähigkeiten als Plastiker in den Dienst der Architektur gestellt – die Fassade ist vielleicht wirklich «das unruhigste und unausgeglichenste Werk in seinem Œuvre» (Sedlmayr), doch hat der Künstler hier wohl sehr absichtsvoll seine genuin bildhauerischen Qualitäten der strengen «severità» seines Rivalen Martinelli entgegengesetzt (mit dem er übrigens – in einer nicht leicht vorstellbaren Weise – bei der Ausstattung im Inneren zumindest für kurze Zeit zusammengearbeitet haben dürfte). Ein erst jüngst aufgetauchter schematischer Grundriß des frühen 18. Jahrhunderts zeigt, daß Fischer – wie in fast allen seinen Stadtpalästen – um räumliche Akzente im Inneren bemüht war. Das weite Treppenhaus, das in zwei Läufen zum «Piano Nobile» hochführt (ein bislang unbekannter Treppentyp im Wiener Barock), muß ein markanter Höhepunkt der Raumabfolge des Palastes gewesen sein.

68 Wien, Stadtpalais Strattmann, Grundriß (Bauaufnahme von ca. 1719).

1692/93   Wien XVII, «Lustgebäude» Strattmann

Auftraggeber: Theodor Heinrich Graf Strattmann

Etwa gleichzeitig mit dem Auftrag für seinen Stadtpalast (vgl. S. 77 f.) betraute Hofkanzler Strattmann Fischer auch mit der Errichtung eines weit vor den Toren der Stadt,
bereits in den Hügeln des Wienerwaldes, gelegenen Lustgebäudes, das sowohl zu sommerlichen Kurzaufenthalten dienen sollte als auch, um Kaiser Leopold I. nach Jagden in
diesem Gebiet empfangen zu können.

Der kleine Bau sitzt auf der obersten Terrasse eines – ebenfalls nur kleinen – terras-
sierten Gartens, an den sich ursprünglich noch eine Meierei anschloß. Die architektonische Gliederung ist bescheiden, fast karg: der Kontrast zu der mit architektonischen

69 Wien, Gartenpalais Strattmann (Stich von Fischer-Delsenbach, um 1715).

und skulpturalen Formen geradezu gepanzerten Fassade des zeitgleichen Stadtpalastes ist lehrreich für den Unterschied des «decorums» der Bauaufgaben im barocken Wien (es ist jedenfalls nicht ohne weiteres ersichtlich, daß beide Bauten von demselben Architekten im selben Jahr für denselben Bauherrn geschaffen worden sind).

Das Gebäude lebt – wie so oft bei Fischer in diesen Jahren – vom klar definierten und durch Gliederung nicht verschleierten, sondern noch unterstrichenen Kontrast der einzelnen Baukörper (zentrales Rund, seitliche Kuben), die hier locker aneinandergestellt werden. Während sich das Untergeschoß des Mittelteiles in großen Arkaden zum Garten öffnet, war das Obergeschoß von der Eingangsseite direkt über eine zweiläufige Freitreppe zu erreichen.

In veränderter Form (aufgesetzte Steildächer) besteht der Bau noch heute als Mittelteil einer später mehrfach erweiterten Anlage (vgl. Abb. 15).

70 Wien, Gartenpalais Strattmann, Rekonstruktion des Grundrisses.

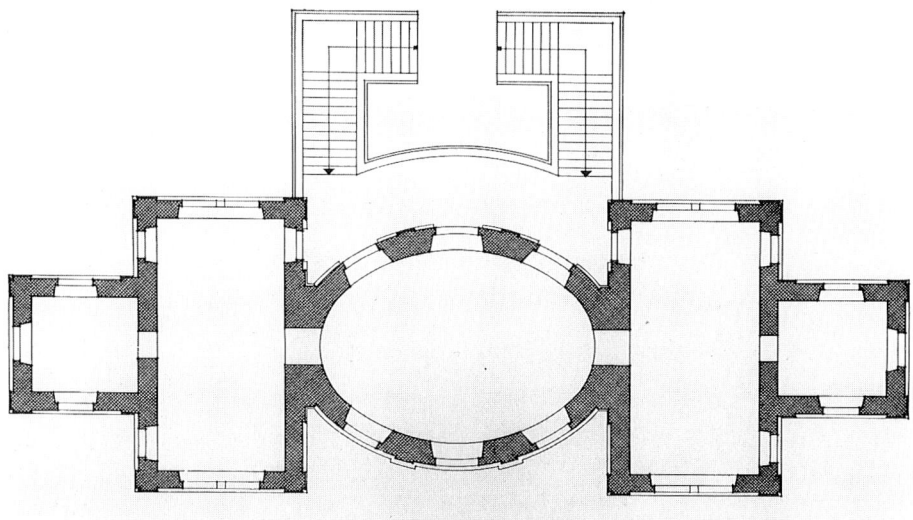

Um 1693 (?)   Niederweiden, Jagdschloß Starhemberg

Auftraggeber: Ernst Rüdiger Graf Starhemberg

Die Datierung der kleinen Anlage ist nicht gesichert, aber in jedem Fall gegen oder in die Mitte der neunziger Jahre des 17. Jahrhunderts zu setzen. Ein von Domenico Egidio Rossi (wohl vor 1697) gezeichneter Grundriß zeigt die originale Gesamtanlage: Grundidee ist das im «Lustgartengebäude» Fischers nach Anregungen der römischen Lehrzeit formulierte Wechselspiel zwischen konvexen, konkaven und kubischen Bauteilen. In dieses geometrisierende «Spiel» waren hier auch die vier niedrigen Trabantenbauten (Küchen, Wirtschaftsräume, Gärtnerwohnung) einbezogen, in deren konkaven Schwüngen sich die Formen des Hauptbaues fortsetzten.

Der Bau ist klein und nur für gelegentliche Jagdaufenthalte des Bauherrn bestimmt. Ursprünglich war nur ein niedriger, halb in die Erde gesenkter Erdgeschoßsockel gegeben, der Saal und die Räume über wenige Treppen unmittelbar zugänglich. Die filigrane Gliederung mit Doppelpilastern steigert sich zur Mitte zu plastischen Säulen; hier ist mit dem reliefgeschmückten und statuenbesetzten Aufsatzgeschoß – hinter dem sich die Kuppel des ovalen Saales verbirgt – der reichste Akzent gesetzt.

Im Gegensatz zu den ungegliederten, blockhaft geschlossenen, schwer überdachten traditionellen Bauten der Region muß ein Schlößchen dieser Art damals tatsächlich wie eine exotische Vision «hellenistischer Heiterkeit» (Sedlmayr) gewirkt haben.

Der heutige Zustand geht auf einen grundlegenden Umbau aus maria-theresianischer Zeit zurück: dabei wurde die Gliederung reduziert, das Erdgeschoß sowie der gesamte Bau erhöht und unter Dach gebracht. Lediglich die dreidimensionale Akzentuierung des Baukörpers erinnert noch an Fischer.

71 Niederweiden, Jagdschloß Starhemberg, Grundriß (Bauaufnahme von D. E. Rossi, um 1695).

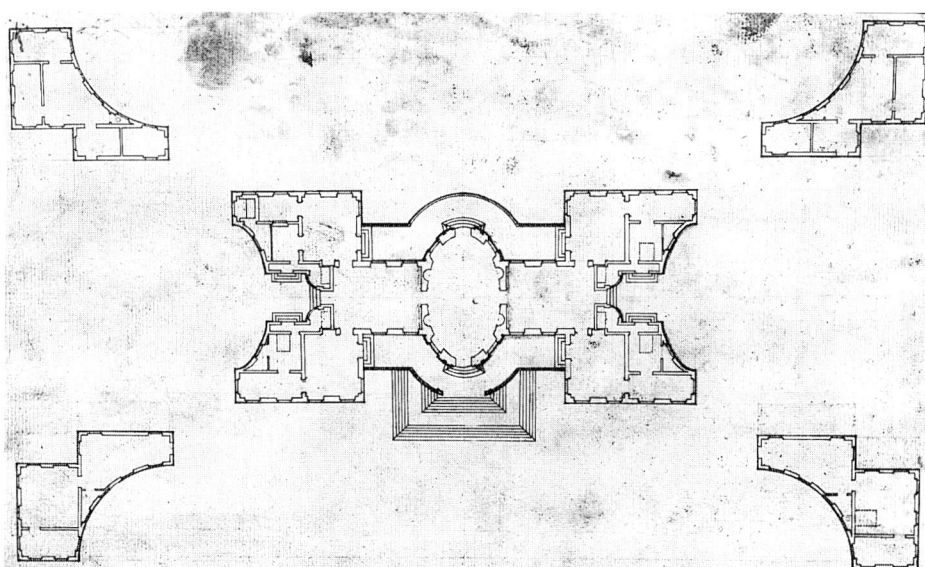

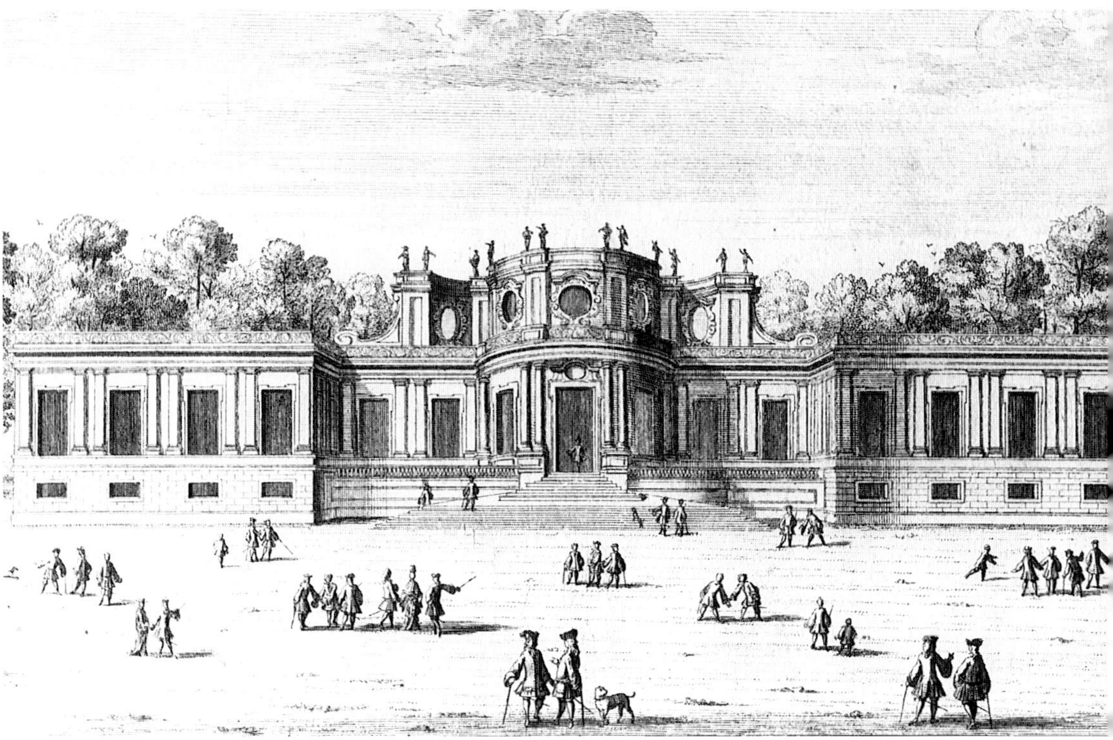

72 Niederweiden, Jagdschloß Starhemberg (Stich von Engelbrecht-Pfeffel, nach 1696).

73 Niederweiden, Jagdschloß Starhemberg (Aufnahme Anfang 20. Jh.).

1693/94 Salzburg, Portal des Hofmarstalls

Auftraggeber: Erzbischof Johann Ernst Graf Thun

Das Marstallgebäude war bereits im frühen 17. Jahrhundert als sparsam gegliederter Nutzbau errichtet worden. Erst im Zuge des Ausbaus der anschließenden Pferdeschwemme unter Erzbischof Thun (auch dafür hat Fischer Pläne geliefert) sollte die Schmalseite des Baus neu gestaltet und mit einem Prunkportal geziert werden. Modelle Fischers – auch für die Skulpturen – sind 1693 und 1694 bezeugt.

Fischer hat hier – wie auch später öfters noch – das Portal als durchaus eigenständiges Werk begriffen, das dem Bau in schmuckstückartiger Selbständigkeit vorgestellt ist. Reminiszenzen an die italienische Studienzeit (Michelangelo, Borromini) werden in markanten Einzelformen deutlich. Dem konvex vorgewölbten Bogen der Einfahrt, über

74 Salzburg, Hofmarstall, Portal.

dem das Gebälk in zwei Schwüngen vorgezogen wird, antworten die konkav geschwungenen Gebälkköpfe über Atlanthermen. Auffallend ist die – heute durch Umwelteinflüsse beeinträchtigte – Präzision der Details : die Kanten der Hermenpfeiler sind messerscharf gebildet (und kontrastieren effektvoll mit den zwischen die Architektur gezwängten Körpern der Atlanten), die Gebälkprofile millimetergenau gezogen, die Reliefs von «gemmenhafter Feinheit» (Sedlmayr).

Man könnte vermuten, daß Fischer daran gelegen war, sich mit seinem Erstling für den Salzburger Erzbischof nicht nur durch eine «ungemeine» Invention, sondern auch deren präzise Ausführung für weitere Aufträge zu empfehlen.

75 Salzburg, Hofmarstall, Portal, Detail.

1694 Salzburg, Lustgebäude im Park von Schloß Klesheim («Hoyos-Stöckl»)

Auftraggeber: Erzbischof Johann Ernst Graf Thun

Der kleine Bau, vom Künstler als *«des Erzbischoffen von Salzbourg Ernestus von Thun kleines Lusst-gebäudte zu Klesheimb»* bezeichnet und 1694 datiert, ist die einzige Realisierung der von Fischer in zahlreichen Varianten im «Codex Montenuovo» durchgespielten Ideen zu einem kompakten, aus einfachen stereometrischen Grundformen zusammengesetzten Gartencasino (vgl. Abb. 18, 19). Die Oberfläche ist mit nur einfachen Mitteln gegliedert und dekoriert und unterstreicht somit das auf dreidimensionale Wirkung angelegte Konzept.

Unregelmäßigkeiten im Grundriß lassen erkennen, daß die lokalen Baumeister durchaus Schwierigkeiten hatten, die höchst ungewöhnliche Idee einer solchen fassadenlosen Anlage über kompliziert-geometrischem Grundriß zu realisieren.

Erst nach 1700 ließ sich der Bauherr auf dem bereits 1690 gekauften Areal – ebenfalls durch Fischer – ein repräsentatives Landschloß errichten (siehe S. 122 f.).

76 Salzburg, «Hoyos-Stöckl» im Park von Klesheim.

77 Salzburg, «Hoyos-Stöckl» im Park von Klesheim, Grundriß.

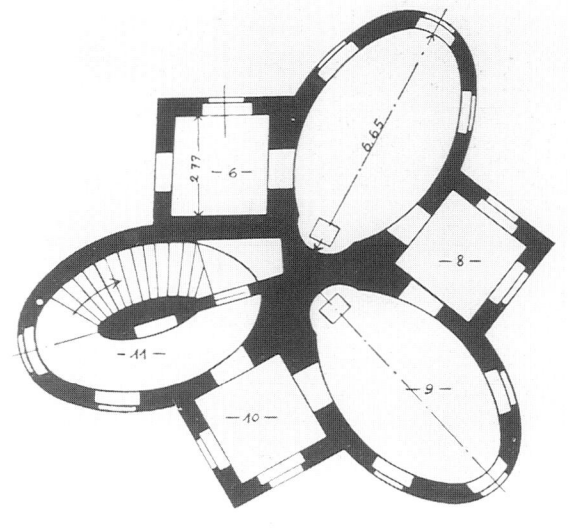

Ab 1694 Salzburg, Priesterseminar und Dreifaltigkeitskirche

Auftraggeber: Erzbischof Johann Ernst Graf Thun

Als erste monumentale Anlage seiner Amtszeit ließ Erzbischof Graf Thun ab 1694 ein vom Benediktinerorden betreutes Priesterseminar für adelige («Collegium Virgilianum») und bürgerliche Studierende als völligen Neubau errichten. Als Bauplatz stand ein weitläufiges Areal im rechts der Salzach gelegenen kleineren Teil der Altstadt zur Verfügung, das vordem für einen Neubau der Universität bestimmt gewesen war. Entwürfe Fischers sind ab 1694 dokumentiert, in zügigem Bauverlauf konnte die Anlage bis 1702 weitgehend fertiggestellt werden. Lediglich die Ausstattung der Kirche zog sich noch länger hin, wobei es zu Änderungen an Fischers Konzept kam.

Die Kirche nimmt die Mittelachse des querrechteckigen Baublockes ein, rechts und links schließen die beiden Kollegien an. Fischer griff bei der gestellten Aufgabe – eine Kirchenfassade in einen langgestreckten Trakt einzugliedern und diesen dadurch formal zu akzentuieren – auf römische Erfahrungen zurück (Sant'Agnese in Piazza Navona), die auch den Typus der Kirche – Kuppelbau mit Zweiturmfassade – bestimmt haben. Durch schmale Risalite an den Enden des Baues wird das dreidimensionale Vortreten der beiden Kirchentürme bereits vorbereitet. Sie sind im flach genuteten Sockelgeschoß fest in die Gliederung des gesamten Baublockes eingebunden, auch die Doppelpilastergliederung im Hauptgeschoß greift das Motiv der Seiten auf, hier freilich durch Erhöhung klar abgesetzt und zur Mitte der Fassade in Vollsäulenpaare noch gesteigert. Die spätere Erhöhung der Türme um ein zusätzliches Geschoß (ab 1757) hat Fischers Konzept verändert; zugleich wurde dadurch die Dominanz der Tambourkuppel abgeschwächt, deren bauchiges Vortreten in deutlichen Gegensatz zum konkaven Rückschwung der Fassade selbst gesetzt ist – ein prononciertes Ausspielen dreidimensionaler Kontraste, das sich in diesen Jahren bei nahezu allen Werken Fischers findet.

Das Hauptportal selbst ist gänzlich schmucklos gehalten, erst durch den monumentalen Akzent der Doppelsäulen im Obergeschoß erhält die Mittelachse «Gewicht» in der Gesamtkomposition.

Der Innenraum, eine steil proportionierte längsovale Rotunde, ist die früheste Realisierung dieses «Leitmotives» seiner Raumkunst im sakralen Bereich und kann hier wohl auch als künstlerische «Antwort» auf das kurz zuvor (ab 1685) in Salzburg errichtete Queroval der Kajetanerkirche G. Zuccallis verstanden werden. In der Kuppel hatte Fischer Stuckdekor vorgesehen, der die architektonische Gliederung der unteren Zonen bis in die Laterne fortführen sollte. Die Ausmalung durch J. M. Rottmayr (ab 1697) entspricht daher wohl nicht mehr seinen ursprünglichen Intentionen.

78 Salzburg, Dreifaltigkeitskirche und Priesterseminar (Stich von F. A. Danreiter um 1730).

79 Salzburg, Dreifaltigkeitskirche, Fassade.

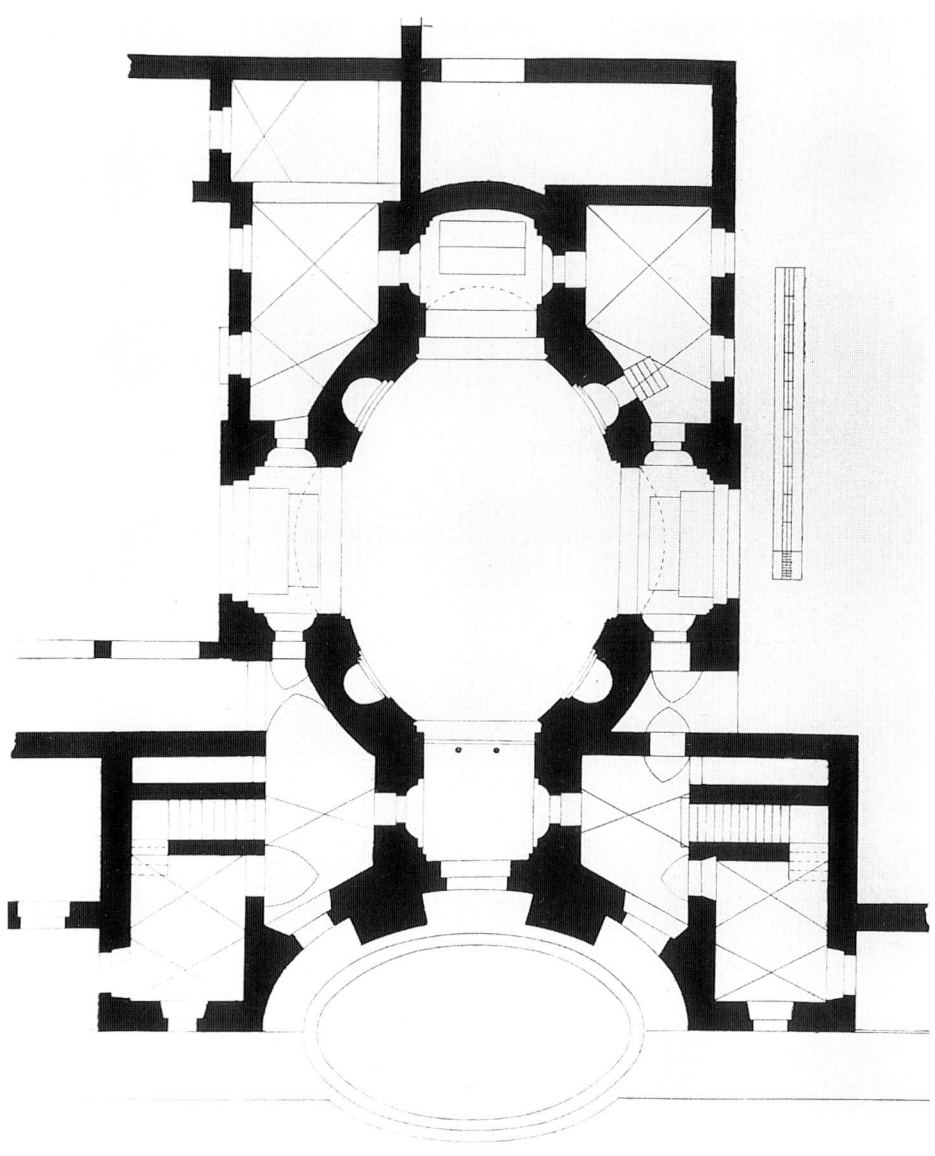

80 Salzburg, Dreifaltigkeitskirche, Grundriß.

81 Salzburg, Dreifaltigkeitskirche, Längsschnitt.

Ab 1694   Maria Kirchenthal bei Lofer, Wallfahrtskirche

Auftraggeber: Erzbischof Johann Ernst Graf Thun

Die mäßig große Kirche entstand ab 1694 an Stelle einer kleinen Kapelle mit einem wundertätigen Marienbild. Fischer ist als entwerfender Architekt dokumentarisch gesichert. Es ist der einzige Fall in seinem Œuvre, wo der Künstler eine solche bereits der einfachen «architettura minore» zugehörige Bauaufgabe wahrgenommen hat – hier wohl auf direkte Veranlassung seines Gönners, Graf Thun, der den Bau reich bestiftete.

Fischer hat einen Leitgedanken all seiner Salzburger Kirchen – die Verbindung von Longitudinal- und Zentralraum – auch hier aufgegriffen, der dann von lokalen Kräften mit kargen Mitteln realisiert wurde. Das Zentrum bildet ein etwa quadratischer Raumkubus, dem in der Längsachse längere, in der Querachse kurze Anräume angeschlossen sind.

Der Außenbau ist durch Zubauten stärker blockhaft geschlossen, stämmige toskanische Pilaster setzen hier sparsame Akzente. Die einfach gegliederte Zweiturmfassade folgt einem lokalen Typus (vgl. Maria-Plain bei Salzburg, ab 1671).

82 Maria Kirchenthal bei Lofer, Wallfahrtskirche.

Ab 1694/95   Salzburg, Johannesspital und Kirche
Auftraggeber : Erzbischof Johann Ernst Graf Thun

An Stelle des vor den Toren der Stadt gelegenen, 1688 gekauften und (gänzlich ?) abge-
tragenen Schlößchens Mülleck ließ Graf Thun ein Spital für Bedürftige und Pilger erbauen ; der westliche Flügel (Männertrakt) war bereits 1695 fertiggestellt. Unklar ist die
Rolle Fischers in der frühen Planungsgeschichte, da ein Gesamtplan wohl bereits in den
frühen neunziger Jahren des 17. Jahrhunderts vorgelegen haben muß, der Künstler
aber erst seit Juni 1694 für alle Bauvorhaben des Erzbischofs zuständig war.

Der Bau der Kirche, die von Anfang an geplant und dem Namenspatron des Bauherrn
geweiht war (der hier auch seine Grablege vorgesehen hatte), begann – nun nachweis-
lich nach Fischers Plänen – erst 1699 (Grundsteinlegung), zugleich mit dem östlich anschließenden Frauentrakt. Letzterer war 1703 vollendet, die Kirche konnte 1704 geweiht werden.

83 Salzburg, Johannesspitalskirche, Grundriß.

84 Salzburg, Johannesspitalskirche, Fassade.

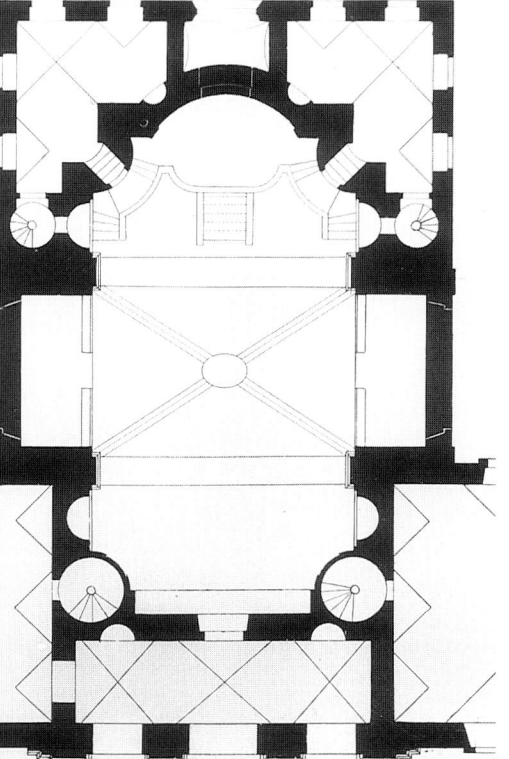

85 Salzburg, Johannesspitalskirche, Innenraum.

86 Salzburg, Johannesspitalskirche, Einblick in die Wölbung.

Die Gesamtanlage ist jener des 1694 begonnenen Priesterseminars (vgl. S. 86 ff.) verwandt: in beiden Fällen wird ein einfach gegliederter längsrechteckiger Baublock durch die zentral gestellte Kirche akzentuiert. Da die Ansicht des Spitals auf dem 1699 publizierten Stich Perrettis (vgl. Abb. 11, links unten) die Kirche als vortretenden Baublock mit Tambourkuppel zeigt, war in einer frühen Planungsphase die Gemeinsamkeit beider Anlagen noch deutlicher.

Gebaut wurde die Kirche schließlich in sehr reduzierter Form, ohne Kuppel und mit nur seicht vorspringender Vorhallenfassade, die etwas grobschlächtig mit wuchtigen ionischen Kolossalpilastern versehen ist. Eigenartig unklassisch ist der dahintergesetzte steile Giebel proportioniert.

Der kleine Innenraum hingegen ist in Proportion und Gliederung höchst durchdacht gestaltet, Fischer intoniert hier gleichsam architektonische Kammermusik in einfacher, aber fein nuancierter Instrumentierung. Grundform des Raumes ist ein gelängtes, tonnengewölbtes Rechteck, dessen Ecken jedoch konvex einschwingen und etwas sorglos in die Wölbung übergeleitet werden. Damit wird die Strenge des Kastenraumes gemildert, zugleich seine Längsrichtung zentralisierend umgedeutet (in verwandter Form findet sich dieses Motiv auch in zeitlich nahen Profanbauten – vgl. Abb. 89). Unter dem Hauptgebälk bestimmen vier große Arkaden das Bild: Die beiden in der Längsachse schließen flach oder in einer seichten Nische (hinter dem Altar), die beiden in der Querachse sind zu großen Kapellen ausgeweitet. Die mit nur sparsam eingesetztem Stuck akzentuierte Wölbung erhält von allen vier Seiten durch große Ovalfenster Licht – wie ein Zentralraum (grundsätzlich ähnlich hat man sich wohl auch die Wölbungen in den langen Kreuzarmen der Kollegienkirche vorzustellen – vgl. S. 101 ff.). So hat Fischer auch in diesem Raum das zentrale Thema seiner Salzburger Kirchen – die Verbindung von Zentral und Longitudinal – in einer neuen Variante durchgestaltet.

Der kleine Altarraum ist erhöht und über Treppen zugänglich, darunter befindet sich die Gruft, in der Graf Thun seine Eingeweide in einer von Fischer entworfenen Flammenvase beisetzen ließ.

Um 1695 (?)   Wien VIII, Gartenpalais Schlick-Eckardt

Auftraggeber: Leopold Graf Schlick oder Georg Gottlieb Eckardt

Während Fischers Autorschaft an diesem Bau einigermaßen gesichert ist, sind Datierung und Auftraggeber unklar. Der Baugrund in der Alservorstadt war ab 1690 im Besitz von Graf Schlick und ging noch vor 1697 an den Hofzahlmeister Eckardt über – beide standen mit Fischer in Kontakt und kommen als Bauherren in Betracht.

Das kleine Bauwerk am Ende einer mäßig großen Gartenanlage ist ein gutes Beispiel für ein durchschnittlich dimensioniertes «Garten-Gebäu» des Adels in den Wiener Vorstädten: Fischer hatte mit Entwürfen dieser Art so etwas wie einen «Gebrauchs-Typus» für diese Bauaufgabe entwickelt, der bald auch von anderen Architekten aufgegriffen wurde.

Auffallend bei diesem Beispiel ist die Gestaltung des Saales mit einschwingenden Ecken in Kombination mit dem ovalen Vestibül. Eigenartig ist ferner, daß die – sonst meist straßenseitig gelegene – Freitreppe dem Garten zugekehrt ist, wodurch die Verbindung Bauwerk–Garten hier enger ist als üblich.

87 Wien, Gartenpalais Schlick-Eckardt, Lageplan um 1770.

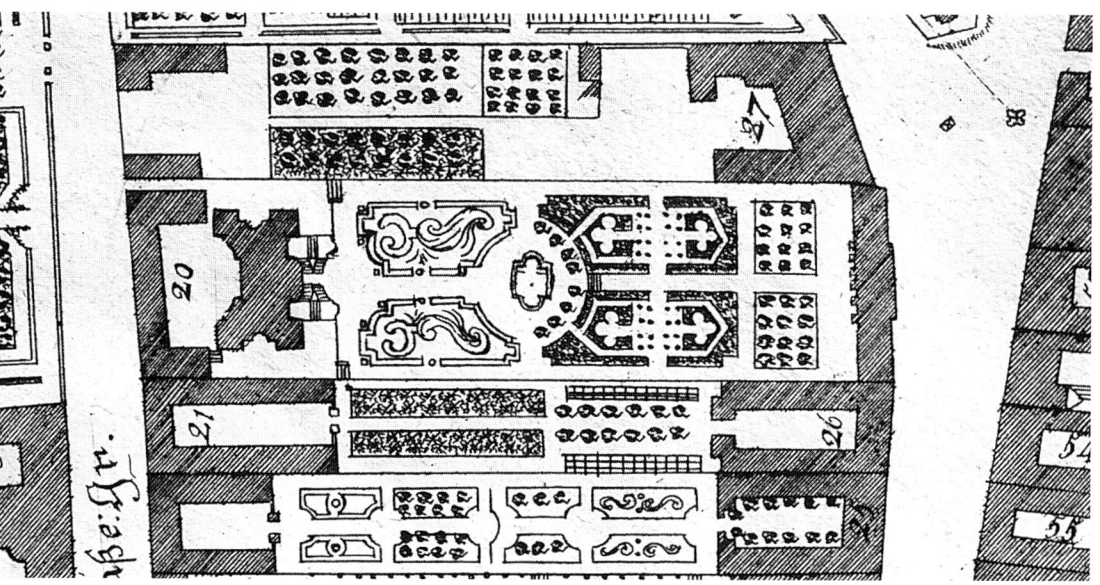

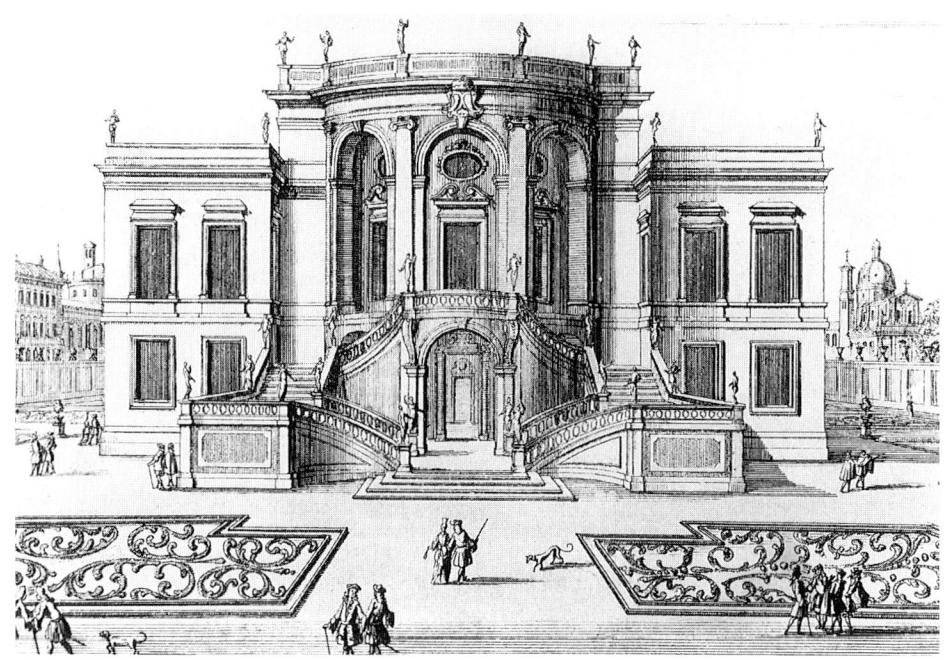

88 Wien, Gartenpalais Schlick-Eckardt (Stich von J. Wolff, Anfang 18. Jh.).

89 Wien, Gartenpalais Schlick-Eckardt, Grundriß (Stich von J. Wolff, Anfang 18. Jh.).

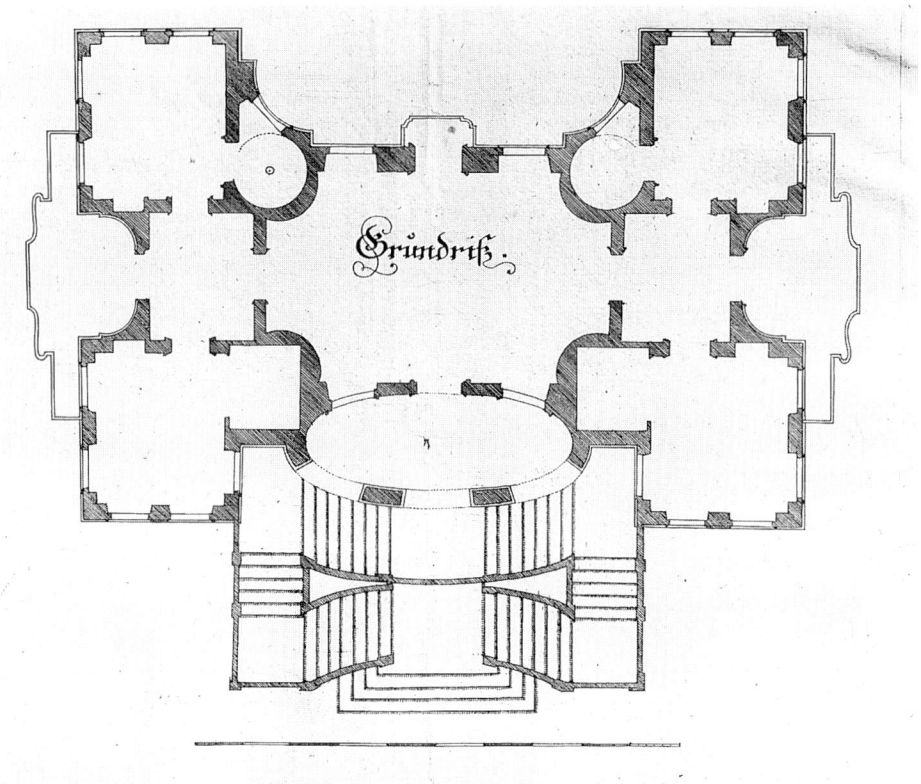

Ab 1696   Wien XII, Schloß Schönbrunn, Ausführungsentwurf

Auftraggeber: Kaiser Leopold I. / Joseph I. als Römischer König

Das weitläufige Areal mit dem kleinen und bereits baufälligen Jagdschloß «Katterburg» war bereits 1686 in kaiserlichen Besitz gekommen. Nach dem utopischen Intermezzo der Phantasieplanung Fischers von 1688 (vgl. S. 60f.) beginnt die eigentliche Baugeschichte von Schönbrunn erst 1695 mit der Anlage des Gartens durch Jean Trehet. Fischers Bauprojekt ist erstmals sicher für das folgende Jahr dokumentiert. Treibende Kraft des Unternehmens scheint Obersthofmeister Fürst Salm, der Erzieher Josephs I., gewesen zu sein, der sich Fischer persönlich unterstellen ließ, um die Bürokratie der Baubehörden auszuschalten. Geplant war zunächst ein Jagdschloß für den Thronfolger, erst auf Anregung von Kaiser Leopold I. wurden «an das Corps de logis noch zwei Höfe angehenkt, wodurch es geschickt war, die gantze Kayserl. Hof-stadt zu behalten». Eine solche Erweiterung bedeutete die Veränderung und Aufwertung des Jagdschlosses in Funktion, Rang und Form zu einer veritablen Residenz und dürfte um 1698 im Hinblick auf die bevorstehende Hochzeit Josephs erfolgt sein, durch die ihm ein vergrößerter Hofstaat zustand.

De facto wurde zunächst am mittleren Corps de Logis weitergebaut, das 1700 bereits bewohnbar war und mit einem Fest für das Thronfolgerpaar eröffnet wurde; die seitlichen Hoftrakte blieben vorerst unvollendet und waren 1713 noch nicht unter Dach.

Fischers Stichansicht der «Historischen Architektur» zeigt bereits den um die seitlichen Trakte erweiterten Bau. Im Gegensatz zu «Schönbrunn I» (vgl. Abb. 50, 51) wird klar, daß hier nun wiederum «normale» Verhältnisse herrschen: das Schloß ist als kompakter, ausreichend belichteter und benutzbarer Baukörper in die Ebene vor den Schönbrunner Hügel gesetzt, vor ihm liegt ein etwa quadratischer Ehrenhof, dahinter ein weiter, etwas einfallslos-schematisch angedeuteter Parterre-Garten, an den der bewaldete Hügel anschließt; seine Höhe ist in der Mittelachse von einem luftigen Belvedere besetzt, in dem Ideen des ersten Projektes nachklingen (vgl. Abb. 9).

Ob das zunächst vorgesehene «Jagdschloß» bereits die hier gezeigte Form des siebzehnachsigen Mittelteiles haben sollte oder im Zuge der Erweiterung noch umgestaltet worden war, ist ungewiß. In jedem Fall erinnert die hofseitig vorgelagerte Freitreppe, von der aus unmittelbar der große Saal zu erreichen ist, noch an diese frühe Planungsstufe – denn dies entspricht einem «Lustgebäude», ist aber mit dem «decorum» einer veritablen Residenz und ihren zeremoniellen Anforderungen kaum in Einklang zu bringen. (Konsequenterweise wurde denn auch zusätzlich im westlichen Erweiterungstrakt eine aufwendige innere Prunktreppe [im Stich als «Escalier pour sa Maj. l'Imperatrice» bezeichnet] vorgesehen, deren Laufführung sich freilich kaum plausibel nachvollziehen läßt.)

Die architektonische Gliederung ist – verglichen mit anderen Bauten Fischers dieser Zeit – etwas spröde, der zweifachen Staffelung des Baukörpers entspricht etwa kaum eine Abstufung in Gliederung oder Dekor. Lediglich das luftige Aufsatzgeschoß über den mittleren fünf Achsen – eine Reminiszenz der römischen Studienzeit – setzt hier einen Akzent. Unter dem mittleren Bogen sollte ein Reiterstandbild Josephs aufgestellt werden, das aber nicht zur Ausführung kam.

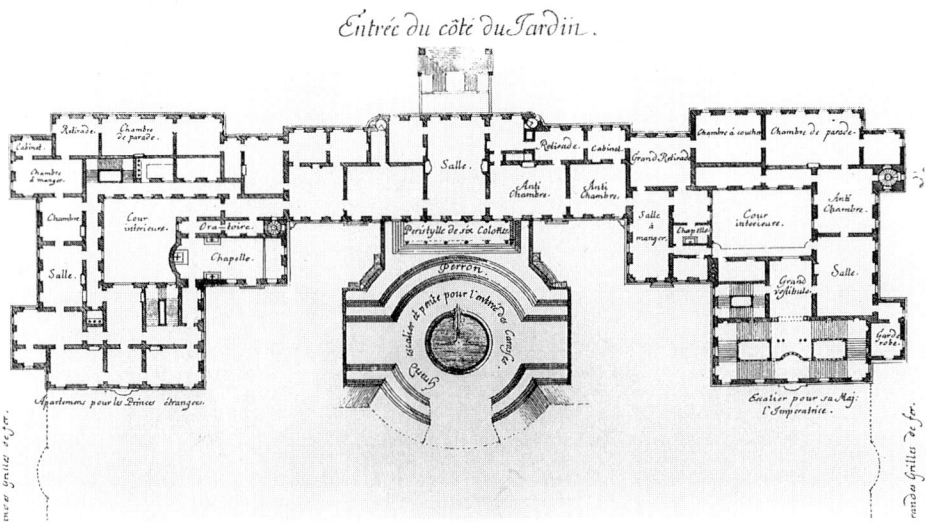

90 Wien, Schloß Schönbrunn, Grundriß aus der «Historischen Architektur» (Bd. IV, Tf. 4).

91 Wien, Schloß Schönbrunn, Ansicht aus der «Historischen Architektur» (Bd. IV, Tf. 3).

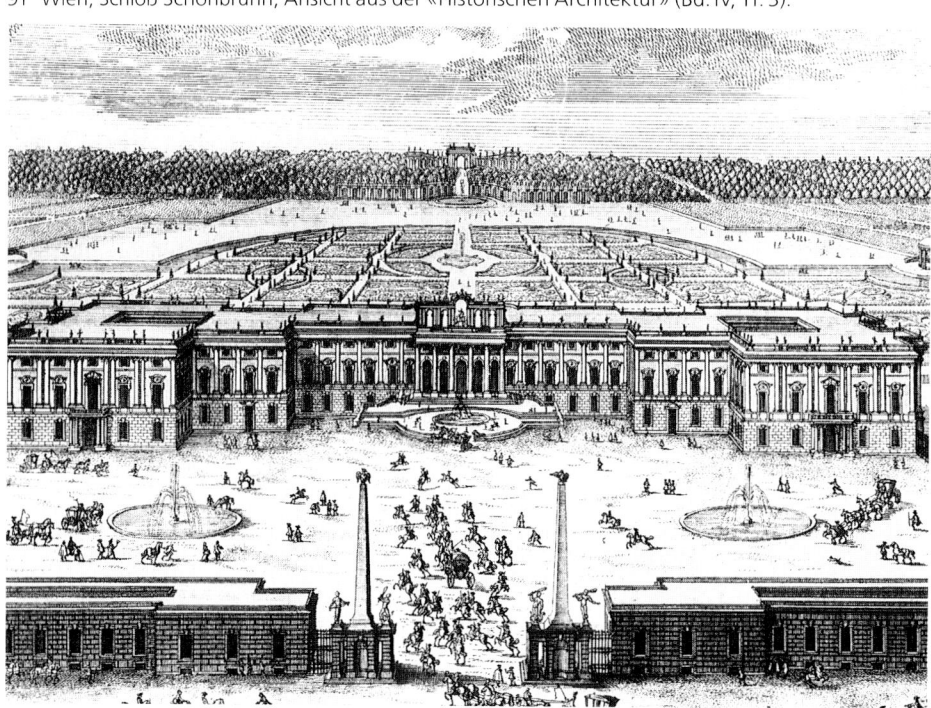

Daß Fischer der Architekt der letztendlich ausgeführten Anlage ist, kann nicht bezweifelt werden. Doch haben sich auch eine Reihe von Entwürfen von Domenico Egidio Rossi (der kurzzeitig als Maler im Inneren beschäftigt werden sollte) erhalten, die mit Schönbrunn zusammenhängen. Ob es sich dabei um eigene Alternativplanungen oder Reflexe verlorener Projekte Fischers oder anderer handelt, ist nicht geklärt. Möglicherweise ging aber dem Bau eine komplexe Phase der Planung voran.

Mit dem Tod Josephs I. (1711) verlor Schönbrunn an Bedeutung und blieb unvollendet. Im Inneren waren nur einige wichtige Räume kurz nach 1700 ausgestattet worden: so die Kapelle (A. Pozzo), das Speisezimmer (S. Ricci) und der große Saal (Rottmayr). Josephs Witwe bewohnte das Schloß noch bis 1722, ohne Bau oder Ausstattung zu vollenden. Maria-Theresia ordnete schließlich nach 1743 eine grundlegende Umgestaltung des Äußeren wie Inneren an, der das Schloß sein heutiges Aussehen verdankt.

92 Wien, Schloß Schönbrunn.

1696 Prag, Palais Thun, Portal
Auftraggeber: Maximilian Graf Thun

Graf Thun, mit dem Fischer seit langem in Kontakt stand, ließ seinen Familienpalast auf der Prager Kleinseite ab 1694 grundlegend umgestalten (u. a. Freskoausstattung im Saal durch J. M. Rottmayr — nicht erhalten). Die beiden 1696 errichteten, noch erhaltenen Portale zeigen eine originelle Lösung — besonders in der Verbindung des vortretenden Bogens mit dem Balkon —, die an Fischers Formenrepertoire erinnert. Sehr wahrscheinlich geht der Entwurf auf ihn zurück.

93 Prag, Palais Thun, Portal.

Ab 1696 Salzburg, Kollegienkirche

Auftraggeber: Erzbischof Johann Ernst Graf Thun

Bereits 1694 ist die Absicht des Erzbischofs überliefert, einen Neubau für die Kirche der schon 1620 gegründeten Benediktiner-Universität zu stiften, wofür in der Altstadt ein geräumiges Grundstück neben dem weitgehend schmucklos gehaltenen Universitäts-bau des frühen 17. Jahrhunderts zur Verfügung stand. Bei der Grundsteinlegung am 6. Mai 1696 stand die Grundform des Baues nach Plänen Fischers bereits fest: gestreck-tes kreuzförmiges Langhaus mit Vierungskuppel und vier ovalen Trabantenkapellen für die Schutzheiligen der vier Fakultäten – ein für Universitätskirchen öfter verwendeter Typus (Paris, Sorbonne; Krakau, erster Entwurf für St. Anna). Wichtige Entscheidungen zur Gestaltung von Fassade und Innenraum sind jedoch auch noch danach getroffen worden. Die Weihe erfolgte 1707, die Innenausstattung konnte erst in den folgenden beiden Jahrzehnten abgeschlossen werden.

94 Salzburg, Kollegienkirche, Stellung im Stadtbild.

Die Fassade ist, wie der gesamte Außenbau, sichtlich nicht nur auf den schmalen davorliegenden Platz, sondern auf das gesamte Stadtbild Salzburgs bezogen. Die Höhe des Hauptgebälks entspricht etwa der Traufhöhe der Häuser der Altstadt, der darübergesetzte, dreidimensional frei entwickelte Aufbau wiederholt in einfach-kubischen Formen die Gesamtform der Kirche und ist, wohl nicht ohne Absicht, zu den Türmen und zur Kuppel des unweit gelegenen Domes in Beziehung gesetzt.

95 Salzburg, Kollegienkirche, Fassade.

Es scheint festzustehen, daß der Mittelteil der Zweiturmfassade zunächst im Obergeschoß (vielleicht auch zur Gänze) flach geplant war (vgl. Abb. 12) – die letztlich gefun-
dene Lösung, in der die Mitte in voller Höhe wuchtig nach vorne drängt, wurde von
Fischer also erst nach und nach entwickelt. In einer für den Künstler typischen Weise ist
die Frontseite hier schließlich als Nebeneinander dreier Baukörper gestaltet, die durch
die schmalen Rücklagen nur lose zusammengehalten werden. Diese kraftvoll inszenierte Baukörpergruppe hatte bedeutende Auswirkungen auf spätere Kirchenfassaden
im benachbarten schweizerischen und süddeutschen Raum (Einsiedeln, Ottobeuren).

Der Innenraum zählt zu den ungewöhnlichsten und eindrucksvollsten Raumschöp-
fungen des europäischen Barock. Das betrifft weniger den Raum-Typus – der seit R.
Rosatis römischer Kirche San Carlo ai Catinari (ab 1611) bekannt ist – als vielmehr die
hier gewählten, außerordentlich steilen Proportionen (Höhe zu Breite nahezu 4 : 1), die
dem Langhaus tatsächlich den Charakter einer «Raum-Schlucht» verleihen. Die Idee der
Zentrierung des Raumes – Leitgedanke aller Salzburger Kirchen Fischers – ist hier konsequent durchgestaltet: das kurze Querhaus und die schmale Tambourkuppel sind genau
in die Mitte des Raumes gesetzt, Eingangs- und Chorbereich entsprechen einander exakt in Gliederung und Raumabschluß. Die heute völlig ungegliedert belassene Tonnen-
wölbung kann so nicht Fischers Absicht entsprochen haben: zumindest eine Fortführung der rhythmischen Pilasterstellung durch Gurte und eine sparsame Akzentuierung
durch Stuck (vgl. die Wölbung der Johannesspitalskirche – Abb. 86) ist anzunehmen,
vielleicht auch zusätzliche Lichtöffnungen. Eine Freskierung des Gewölbes dürfte Fischer jedoch nicht vorgesehen haben, so daß der strenge, ganz auf die Wirkungsmittel
der Architektur konzentrierte und nur punktuell durch Stuck und Skulptur bereicherte
Eindruck, den das Innere heute noch vermittelt, durchaus den originalen Intentionen
des Künstlers entspricht. Auch die an Berninis «Cathedra Petri» orientierte Lösung des
Hochaltares verzichtet ja völlig auf Malerei.

96 Salzburg, Kollegienkirche, Grundriß.

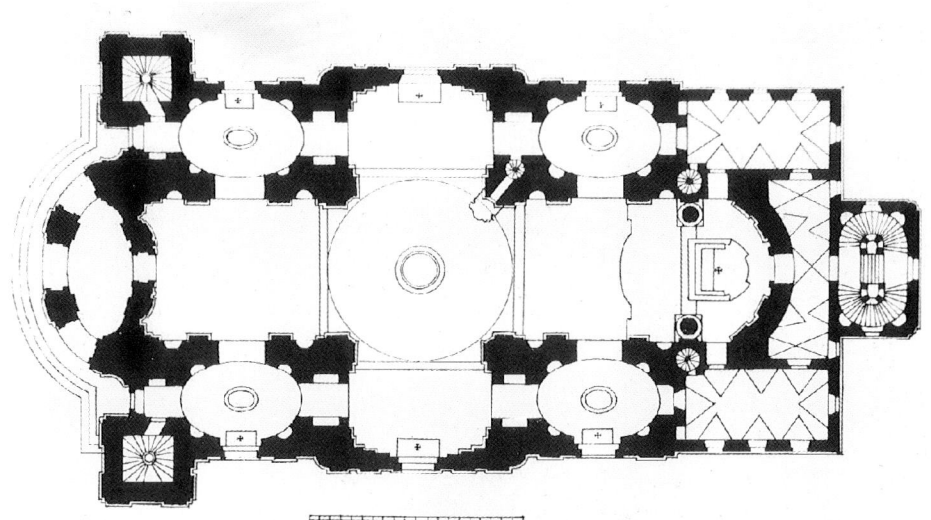

97 Salzburg, Kollegienkirche (Stich von Fr. Ae. Rösch, 1723).

98 Salzburg, Kollegienkirche, Innenraum.

Ab 1696   Wien I, Stadtpalais des Prinzen Eugen
Auftraggeber: Prinz Eugen von Savoyen

Vom Rang des Bauherrn und der an dieser Anlage tätigen Künstler stellt der Palast eine der aufwendigsten und bedeutendsten Lösungen der barocken Profanarchitektur Wiens dar. Fischer ist freilich nur in der ersten Bauphase hier tätig gewesen – warum ihm Prinz Eugen später das Vertrauen entzog und ab 1699/1700 fast ausschließlich seinen Rivalen Johann Lucas von Hildebrandt als Architekten beschäftigte, ist immer noch unklar.

Grundankäufe durch Prinz Eugen sind ab 1694 belegt; 1696 begann nach Fischers Plänen die Ausgestaltung des siebenachsigen Kernbaues, der später in zwei Etappen (ab 1703 und 1719) nach beiden Seiten erweitert wurde. Eine solche Vergrößerung dürfte von Anfang an geplant gewesen sein: Fischers Fassadengliederung erscheint jedenfalls in der akzentlosen Reihung einzelner Achsen – gemessen an den Standards der Wiener Architektur dieser Jahre – auf den ersten Blick erstaunlich «altmodisch»; er verzichtet darauf, die Front des Baues als formal geschlossene Einheit zu gestalten, und scheint die Möglichkeit zur Erweiterung der Fassade bereits a priori einkalkuliert zu haben. De facto ließ sich der Bau schließlich problemlos auf die Breite von 17 Achsen vergrößern, ohne daß Veränderungen im Fassadenkonzept notwendig waren.

99   Wien, Stadtpalais Prinz Eugen, Fassade (Stich von Fischer-Delsenbach, um 1715).

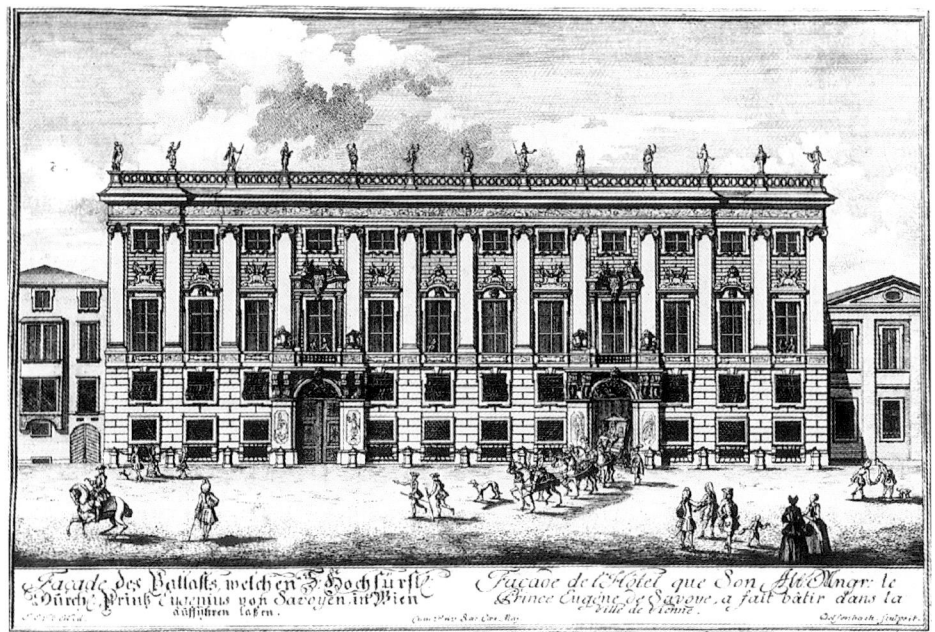

100 Wien, Stadtpalais Prinz Eugen, Fassade.

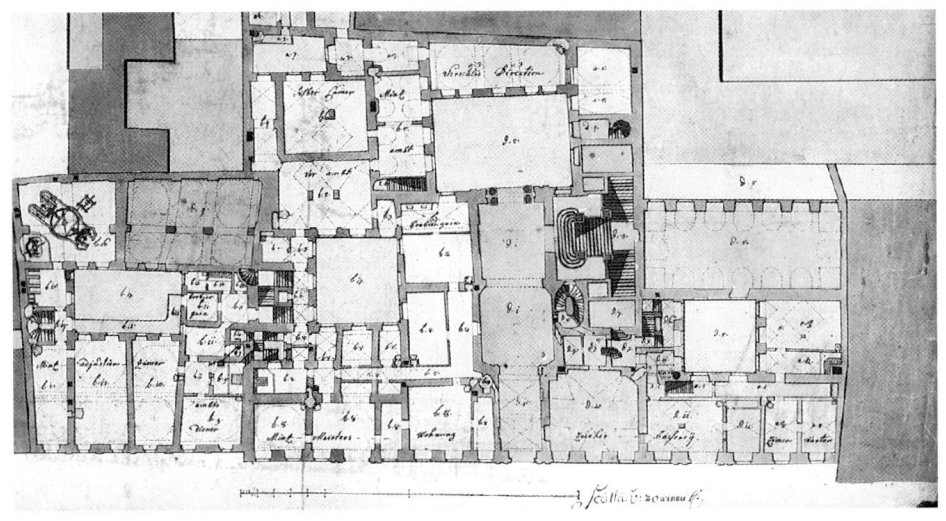

103 Wien, Stadtpalais Prinz Eugen, Treppenhaus.

Für Fischers künstlerisches Interesse scheint denn hier auch weniger die Gliederung der Fassade im Vordergrund zu stehen, sondern vielmehr die innovative und überzeugende Akzentuierung der Raumabfolge im Inneren. Dabei ist zu bedenken, daß es sich bei dem Palast nur um einen Umbau älterer Bausubstanz handelt: die wichtigsten Hauptmauern (samt ihren Unregelmäßigkeiten) sowie die Geschoßhöhen waren durch den Altbestand vorgegeben.

Wohl mit Rücksicht auf die enge Gasse ist das Portal flach gehalten: die seitlichen Reliefs (Aeneas und Anchises, Herkules und Antaeus – klassische Kraftallegorien) rahmen den Eingang und bereiten das martialisch-herkulische Programm vor, das als Allusion auf die militärische Karriere des Prinzen den gesamten Bau durchzieht. Das dunkle und gedrückt proportionierte Einfahrtsvestibül – mit Trophäen und martialischen Stuckreliefs geschmückt – führt zum Innenhof. Rechter Hand schließt knapp davor das Treppenhaus an, dessen Raumschacht die volle Höhe des Baues einnimmt, durch Obergadenfenster einigermaßen hell erleuchtet wird und somit einen höchst eindrucksvollen Kontrast zu den gedrückten Proportionen des düsteren Vestibüls bildet. Geschickt hat Fischer hier die Gegebenheiten der alten Bausubstanz zu einem grandiosen Raumeffekt genutzt, der in der fotografischen Dokumentation gerade nur andeutungsweise zur Geltung kommen kann: am etwas verschatteten Übergang vom Vestibül zur Treppe rahmen zunächst stämmige Atlantenfiguren (Konzept: Fischer, Ausführung: Giovanni Giuliani) die Treppe, die sich nach einem von einer Herkulesstatue beherrschten Podest – nun wiederum in hellem Licht – in zwei Läufe gabelt. Sie führen zunächst in seitliche Raumbuchten, die den hohen Raum des zentralen Treppenschachtes zusätzlich ausweiten – in den Supraporten finden sich wiederum Stuckreliefs mit Herkulestaten –, und münden schließlich auf einem zentralen Podest, das den Zugang zum Festsaal eröffnete (heute ist das Portal vermauert und mit allegorischen Skulpturen des Bergbaues besetzt, da der Palast seit 1752 Sitz der Montanverwaltung war). In diesem Saal fand die unmittelbar auf die militärische Karriere des Prinzen Eugen bezogene herkulische Thematik ihren Höhepunkt: *«Der Haupt-Saal, mit vergoldeten Wand-Pfeilern, und untermischtem Kriegs-Geräthe von Stucatur-Arbeit sehr reich gezieret. Darzu kommt noch die größte Zierde von diesem Saal, daß die Schlachten des Prinzens darinn in Oel-Farbe künstlich gemahlt zu sehen sind. Die Decke stellet verschiedene Thaten des Herkules al fresco für.»* Der Raum – er ist heute völlig umgebaut und in kleinere Zimmer unterteilt – reichte ursprünglich über anderthalb Geschosse und war von zwei Seiten (großer und kleiner Hof) belichtet – dies war wohl auch für Fischer der Grund, Treppe und Saal ganz gegen die übliche Norm in den hinteren Trakt des Baues zu legen. Erst wenn man sich vor Augen hält, wie groß die Beschränkung durch den vorgegebenen Altbau war, ist die ungeheure raumschöpferische Leistung des Künstlers richtig zu würdigen, die großteils auch heute noch nachvollziehbar ist.

Die Repräsentativräume der ersten Bauphase – später konnten von Hildebrandt seitlich noch eine Galerie und mehrere Bibliotheksräume angebaut werden – liegen zur Straßenseite und wurden noch unter Fischers Bauleitung ausgestaltet. Ob er freilich auf die Ausstattung planerischen Einfluß hatte, ist fraglich; denn die wichtigsten Neuerungen in diesem Bereich, besonders der Import modernster bolognesischer Malerei (Deckenfresken und Quadraturmalerei: M. Chiarini, A. Gambarini; Supraporten: G. M.

104　Wien, Stadtpalais Prinz Eugen, ehemaliges «Audienz-Zimmer» (Zeichnung von S. Kleiner, um 1730).

Crespi, G. G. dal Sole, B. Gennari u. a.) geht direkt auf Prinz Eugen selbst zurück, der die Ausstattung des Baues nach den Kriterien eines fürstlichen Sammlers mit fester Hand dirigierte. Möglicherweise einer Idee Fischers folgt der eigenartige Heißluftofen im ehemaligen Audienzzimmer, der bald als besondere Attraktion galt: *«Der Ofen ist ein Hercules, der den Drachen erschlägt, von Metall gegossen, welches für ein großes Kunst- und Meisterstück gehalten wird.»*

Trotz verschiedener Veränderungen der folgenden Jahrhunderte zählt der Palast zu den am besten erhaltenen Bauten nicht nur Fischers, sondern generell der Wiener Barockkunst, und kann auch heute noch ein anschauliches Bild von Dimension, Gliederung, Akzentuierung und Farbigkeit eines barocken Adelspalastes im innerstädtischen Bereich vermitteln.

1698 Frain/Vranov nad Dyjí, Schloßkapelle
Auftraggeber: Johann Michael II. Graf Althan

Nach Vollendung des Ahnensaales an Schloß Frain (vgl. S. 68 f.) wurde Fischer von Graf Althan nochmals um einen Entwurf gebeten, diesmal für die Kapelle, die er – ganz gegen die übliche Tradition – als fast freistehenden Zentralbau auf ein kleines Plateau neben das alte Schloß placierte. Die Grundsteinlegung ist für 1698 gesichert, der kleine Bau wurde in den folgenden Jahren rasch vollendet; ein Teil der Innenausstattung (Altäre) dürfte ebenfalls nach Entwürfen Fischers gearbeitet worden sein. Die Türme wurden der Fassade erst 1726 hinzugefügt.

In der additiven Verbindung von zentralem Kuppelraum und ovalen Kapellen greift Fischer auf die spielerisch variierten Casino-Entwürfe der frühen neunziger Jahre des 17. Jahrhunderts zurück. Hier wie dort steht die stereometrische Klarheit der Komposition im Vordergrund: die Wirkung des Baues beruht nicht auf der Gliederung seiner Oberfläche, die ganz einfach gehalten ist, sondern auf der dreidimensionalen Zusammenfügung der einzelnen Baukörper.

105 Frain, Schloßkapelle.

106 Frain, Schloßkapelle, Grundriß.

1699 Wien, Triumphpforten zum Einzug Josephs I.

Auftraggeber: Fremde Kaufleute («Niederleger») / Bürgerschaft Wiens

Anlaß für die Errichtung der nur aus vergänglichem Material errichteten Triumphtore war der Einzug des Römischen Königs und Thronfolgers Joseph I. anläßlich seiner Hochzeit mit Amalia Wilhelmina von Braunschweig-Lüneburg am 24. Februar 1699. Die beiden Pforten der ausländischen Kaufleute und der Wiener Bürgerschaft wurden Fischer anvertraut – wohl in Erinnerung an seinen großen Erfolg auf diesem Gebiet im Jahr 1690 (vgl. S. 70f.) –, die dritte der Hofbefreiten Bediensteten seinem Rivalen Hildebrandt.

Die gestellte Aufgabe kam in ihrer Verschmelzung von Architektur und Skulptur den Fähigkeiten Fischers entgegen, und seine Lösung verrät, daß hier tatsächlich so etwas wie eine «architektonische Skulptur» geschaffen wurde, in der die beiden Künste fast fugenlos ineinander übergehen und nur mehr auf einer sehr allgemeinen Ebene an das antike Vorbild eines Triumphtores erinnern.

Das von den Bildwerken getragene Programm des Tores der «Fremden Niederleger» stellt Joseph I. als sonnenumstrahlten Triumphator in den Mittelpunkt (das zweite Tor Fischers war Amalia Wilhelmina als Juno gewidmet). In geistreicher Verschränkung des Themas «antwortet» dem durch die untere Pforte einziehenden Thronfolgerpaar die auf Wolken gesetzte Reiterstatue Josephs im Aufsatzgeschoß. Hymen mit der Fackel bekrönt den aufgesetzten Tempietto und verweist auf den Anlaß des triumphalen Einzuges.

Fischer hat eine Abbildung dieser Pforte dem 4. Buch seiner «Historischen Architektur» – in dem er seine eigenen Werke präsentiert – als erste Tafel vorangestellt, wohl in der Absicht, sich damit als Architekt in Erinnerung zu rufen, der mit den Erfordernissen der allegorisch-künstlerischen Überhöhung des Herrscherhauses vertraut ist; zugleich wird daraus klar, daß der Künstler selbst gerade dieses Werk als besonders gelungen ansah.

107 Wien, Triumphpforte der «Fremden Niederleger», 1699 («Historische Architektur», Bd. IV, Tf. 1).

Ab 1699   Salzburg, Kirche und Kloster der Ursulinen

Auftraggeber: Orden der Ursulinen / Erzbischof Johann Ernst Graf Thun

Erzbischof Graf Thun hatte für ein bereits 1695 gestiftetes Mädchenerziehungsinstitut
den Ursulinenorden aus Klagenfurt nach Salzburg berufen. Er war mittelbar auch für
den Planungsauftrag an «seinen» Architekten Fischer verantwortlich. Der Grundstein
für den Neubau von Kirche und Kloster wurde 1699 gelegt, nach raschem Baufort-
schritt konnte die Anlage 1705 geweiht werden.

Die Form der Gesamtanlage und auch der Kirche ist durch die topographische Situation bestimmt: das spitz zulaufende, zwischen Fluß und Mönchsberg eingezwängte
Grundstück ließ nur an seinem Kopfende Raum für die Gestaltung der Kirche und ihrer
Fassade. Diese Situation erinnert grundsätzlich – was immer wieder hervorgestrichen
wird – an die Lage der Kirchen an der Piazza del Popolo in Rom.

108 Salzburg, Ursulinenkirche, Stellung im Stadtbild.

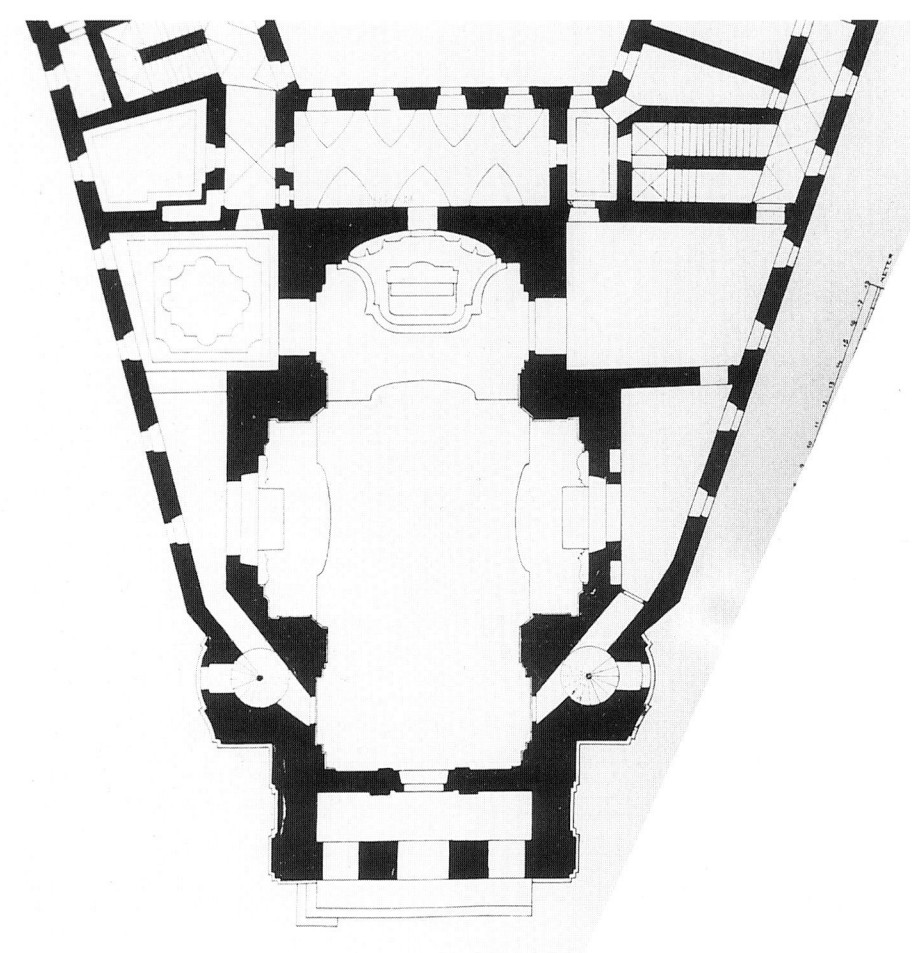

109 Salzburg, Ursulinenkirche, Grundriß.

110 Salzburg, Ursulinenkirche, Seitenansicht (Stich von F. A. Danreiter um 1730).

111 Salzburg, Ursulinenkirche, Seitenansicht, Detail.

Während das Kloster selbst völlig schmucklos belassen wird, ist die Kirche – und nur sie – architektonisch gegliedert. Die kastenförmig vortretende Vorhallenfassade ist etwas spröd mit kolossalen ionischen Pilastern besetzt, das große Glockenfenster darüber faßt das vertikal unterteilte Hauptgeschoß wieder zusammen. Fischer hat hier Vorstudien und verworfene Konzepte zur Kollegienkirche, zum Teil auch zur ähnlich streng fassadierten Johannesspitalskirche wiederverwendet. Im Gegensatz dazu sind die seitlich zurückversetzten schlanken Türme in fein profiliertem Konkav-konvex-Schwung gehalten und mildern die Strenge der gesamten Anlage.

Der stuckgezierte Innenraum ist unter Fischers Salzburger Kirchen der am wenigsten originelle, am stärksten der Tradition verhaftete. Über leicht gelängtem kreuzförmigem Grundriß erhebt sich eine tambourlose flache Vierungskuppel, die – erstaunlich für Fischer, der sonst zumeist an der körperlichen Wirkung seiner Bauten interessiert war – am Außenbau unter dem einheitlichen Dach verborgen bleibt und somit in der Gesamterscheinung nicht «mitspricht».

Ab 1699 Wien I, Stadtpalais Batthyány (später: Schönborn)
Auftraggeber: Adam Graf Batthyány

Auf dem von Graf Batthyány 1698 erworbenen Baugrund befand sich der «Schlögel-hof», von dem Fischer eine Reihe von bereits bestehenden Hauptmauern in seine Planung einzubeziehen hatte. Der Grundriß läßt in den unterschiedlichen Mauerstärken noch erkennen, daß hier Bausubstanz des Vorgängerbaues einzubeziehen war und dem Künstler in der räumlichen Gesamtanordnung gewisse Grenzen gesetzt hat. Dennoch konnte Fischer in der Mittelachse ein weitläufiges, mit kräftig rustizierten Säulen gegliedertes Vestibül schaffen, das in den kleinen Innenhof führt. Rechter Hand schließt die geräumige Treppe an, deren Schacht die volle Höhe des Baues einnimmt – von der Raumwirkung her der eindrucksvollste Bauteil des Palastes. Aufgrund der beengten Situation konnte jedoch im Hauptgeschoß nicht – wie üblich – ein großer Saal angelegt werden, so daß der traditionelle Höhepunkt der repräsentativen Raumfolge in diesem Palast fehlt.

112 Wien, Stadtpalais Batthyány, Fassade (Stich von Fischer-Delsenbach, um 1715).

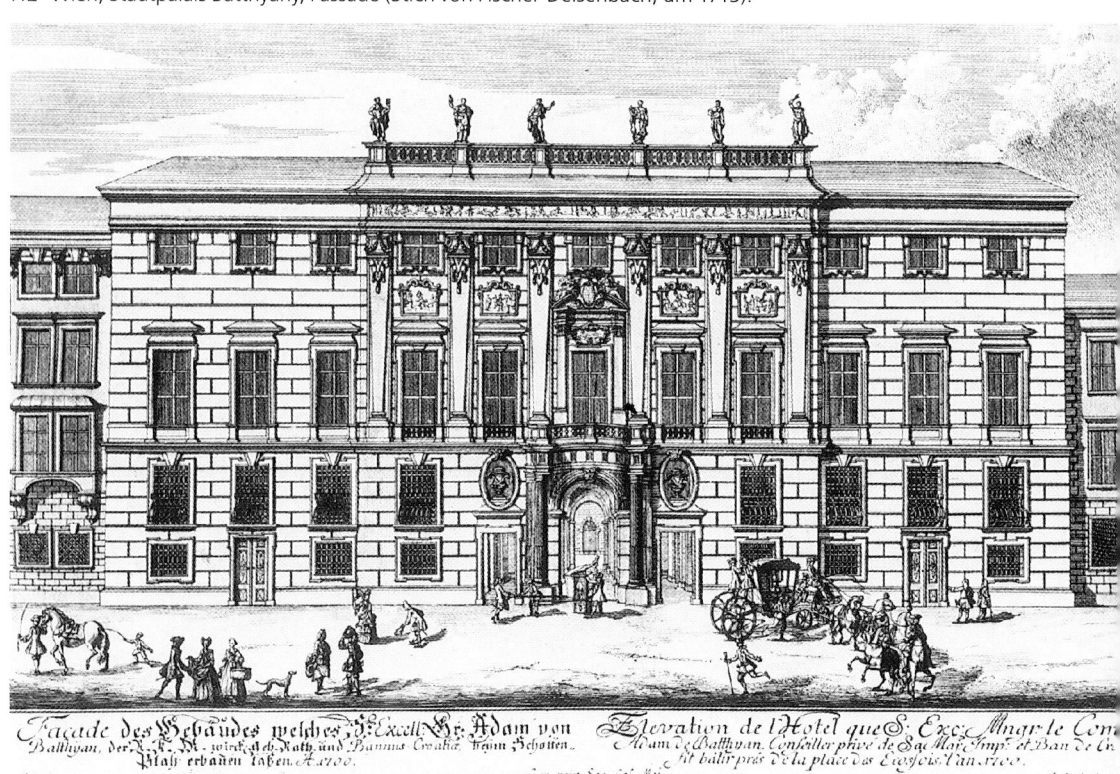

Hingegen konnte Fischer die Fassade weitgehend frei nach seinen eigenen Vorstellungen gestalten. Er wählte dazu den bereits seit etwa einem Jahrzehnt in Wien (zuerst von Henrico Zuccalli und Domenico Martinelli) nach Berninis Vorbild etablierten Typus mit betontem Mittelrisalit. Während das Erdgeschoß und die dreiachsigen Seitenteile in einfacher Fugenrustika gehalten sind, konzentriert sich der architektonische und plastische Schmuck auf diesen Bauteil.

113 Wien, Stadtpalais Batthyány, Grundriß (Bauaufnahme um 1740).

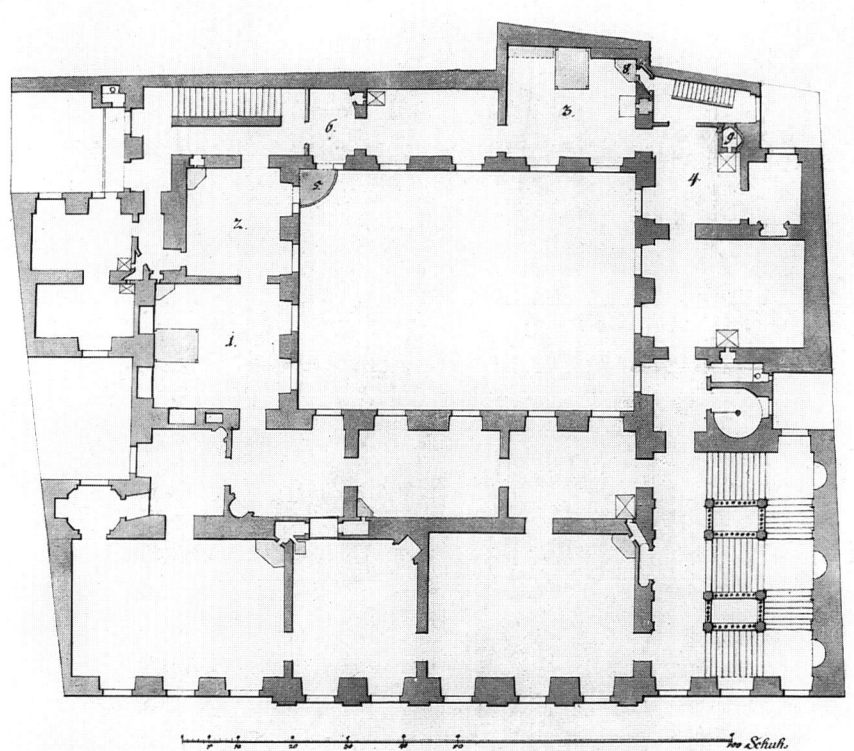

114 Wien, Stadtpalais Batthyány, Fassade, Detail.

Auffallend sind sowohl die Hermenpilaster mit blumenbesetzten Phantasiekapitel-
len, die auf schabrackenartig herabhängende ornamentgezierte Tücher gesetzt sind –
eine völlig unklassische und weitgehend vorbildlose Form –, als auch die antikisierenden
Reliefs über den großen Fenstern. Sie zeigen klassisch-antike Allegorien (Triumphzug,
Herkules und Antaeus, Mucius Scaevola) und spielen auf die Tugenden des Bauherrn
an, zum Teil wohl auch direkt auf seine Rolle als Feldherr der Türkenkriege und Banus
von Kroatien.

Es ist kennzeichnend für Fischer, daß er sich für die Akzentuierung seiner Bauten
sowohl architektonischer als auch skulpturaler Mittel bedient; dies findet sich durch-
gehend bei seinen Palastfassaden und hat beim vorliegenden Bau zu einer recht origi-
nellen Lösung geführt, mit der der Künstler einem bereits etablierten Bautypus neue
Gestaltungsmöglichkeiten abgewinnt. Die für das ursprüngliche Erscheinungsbild
wichtige Bekrönung des Risalits mit Balustrade und Statuen fehlt heute leider; dies
beeinträchtigt die ausgewogene Gesamtkomposition.

115 Wien, Stadtpalais Batthyány, Treppenhaus.

Um 1702 Salzburg, Schloß Klesheim

Auftraggeber: Erzbischof Johann Ernst Graf Thun

Das 1690 erworbene Terrain in den Auen der Saalach im Nordosten der Stadt war zunächst zum Fasanengarten bestimmt; 1694 erbaute Fischer ein kleines Casino (siehe S. 85). Um 1700 ist erstmals die Idee überliefert, hier ein «Schloß» zu errichten, von 1702 datiert ein eigenhändiger Grundriß Fischers. Im Todesjahr des Bauherrn, 1709, war die Anlage noch nicht vollendet.

Fischers Stich der «Historischen Architektur» benennt die Funktion: «Lust-Gebäude» und «Maison de plaisance», doch unterscheidet sich die Form des Baues durch ihre Strenge erheblich von jenen Lustgebäuden, mit denen der Künstler in den neunziger Jahren des 17. Jahrhunderts bei den Adeligen Wiens Furore gemacht hatte; nach heutigem Verständnis wäre hier eher von «Landschloß» zu sprechen. Während die streng gegliederten seitlichen Blöcke Wohnappartements enthielten, sollte der überhöhte Mitteltrakt im Obergeschoß völlig in offene Arkaden zwischen Halbsäulen aufgelöst werden. An der Rückseite ist – ganz unüblich für ein «Lust-Gebäude» – ein weites zweiläufiges Treppenhaus in voller Breite des Traktes angeschlossen.

Die Idee der völligen Öffnung der Mitte hatte keinen Bestand; aus naheliegenden Gründen (Klima) wurden noch vor 1708 die Öffnungen auf Fenstergröße reduziert und verglast, wodurch der Gesamtcharakter schwer und blockhaft geworden ist. Nach verschiedenen Veränderungen (Anbau der wuchtigen Einfahrtsloggia nach 1730) hat eine durchgreifende Umgestaltung des Schlosses zum Gästehaus Hitlers in unserem Jahrhundert diesen Eindruck noch verstärkt.

116 Salzburg, Schloß Klesheim, Grundriß.

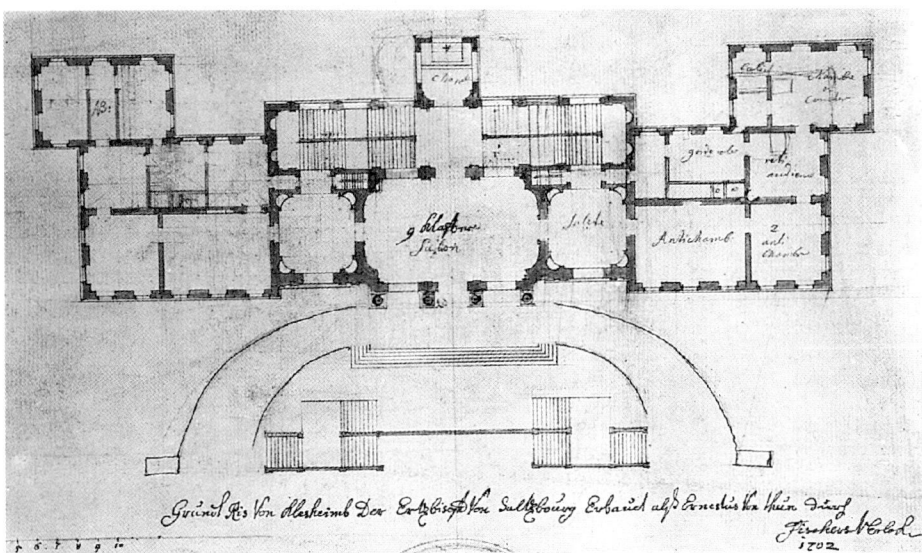

122

117 Salzburg, Schloß Klesheim, Ansicht («Historische Architektur», Bd. IV, Tf. 17).

118 Salzburg, Schloß Klesheim, Ansicht.

1704   Berlin, Entwurf für ein Lustschloß für König Friedrich I.

Adressat: Friedrich I., König in Preußen

Auf seinem vom Kaiserhaus in Wien befürworteten Besuch in Berlin im Sommer 1704 hat Fischer dem eben erst (1701) zur Königswürde gelangten preußischen Monarchen einen Entwurf für «ein königliches Lust-gebäudte» vorgelegt — wahrscheinlich vorrangig als unverbindliche Höflichkeitsgeste, wie sie bei Besuchen dieser Art üblich war, aber wohl auch in der Hoffnung auf einen entsprechenden Auftrag; der neben eine flüchtig skizzierte Variante von Fischer gekritzelte Name «schembergh» deutet vielleicht auf den geplanten Standort (Berlin-Schöneberg), doch handelt es sich nicht um eine konkrete Planung.

Das Projekt ist im Grunde nicht sonderlich originell, sondern wiederholt eine Grundidee des 16 Jahre zuvor konzipierten ersten Projektes für Schönbrunn (vgl. Abb. 50) in verkleinerter und etwas modifizierter Form: Der eigentliche Schloßbau wird hier aus dem Kontext der weitläufigen Terrassierung herausgelöst und freigestellt. Auch ist — gegenüber Schönbrunn I — der Mitteltrakt durch ein Aufsatzgeschoß überhöht. Zentrales gestalterisches Thema ist nun das Wechselspiel zwischen dem weiten, konkav zurückschwingenden Halbrund des Baukörpers und dem reinen Rund des vorgelagerten Wasserbeckens — ein Spiel mit Positiv- und Negativformen, das sich häufiger bei Fischer findet.

Auf einem zugehörigen Studienblatt hat Fischer weitere Ideen zu diesem Projekt festgehalten: Unten eine etwas utopische Fortführung der Sockelsubstruktion in weitläufige hängende Gärten, oben eine Variante des Mittelbaues, bei der nun sichtlich Berninis zweites Louvre-Projekt Pate gestanden hat.

Fischers Projekte stehen deutlich in der Tradition der «Präsentationsstücke» barocker Architekten, bei denen die Präsentation der eigenen gestalterischen Phantasie im Vordergrund steht, nicht jedoch das Eingehen auf konkrete Bedürfnisse des Bauherrn. So sind Fischers Ideen denn auch in Berlin — obwohl er hier wohl einen Plansatz hinterlassen hatte — ohne jeden Einfluß auf die weitere Entwicklung geblieben; hingegen hat der Künstler die in der Autopsie von Schlüters Bauten (Berliner Stadtschloß) gewonnenen Eindrücke in der Folgezeit durchaus produktiv weiterverarbeitet.

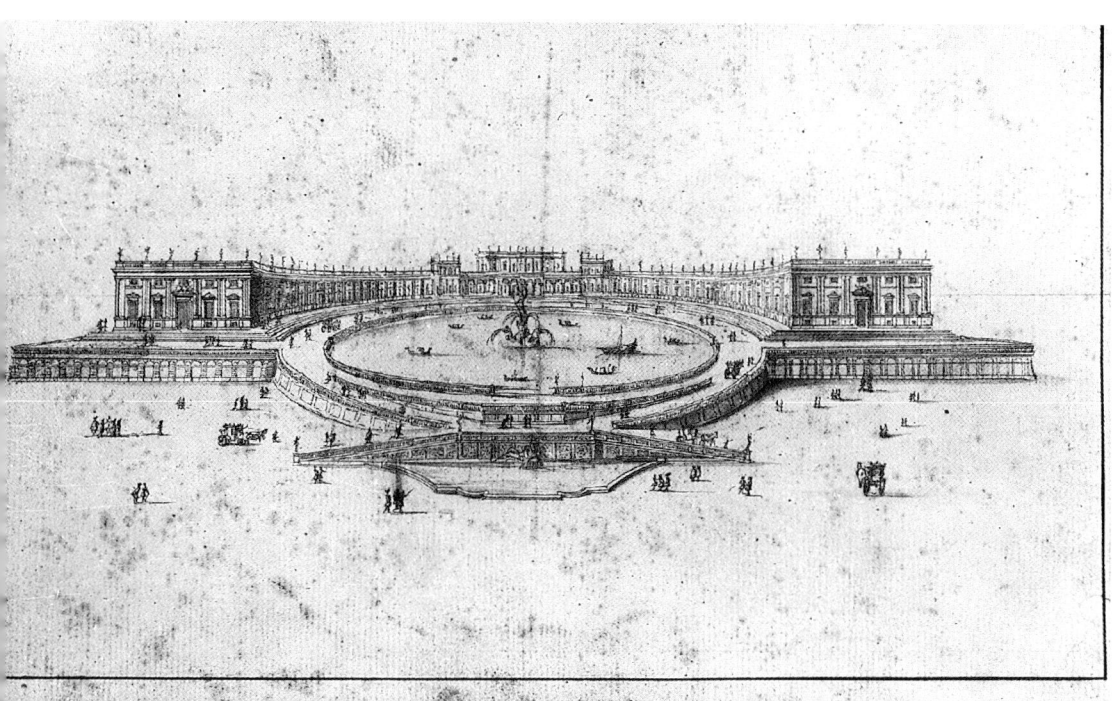

Eien Königliches Lust gebaude C... mir der dem König Frederick von Preusen ist
Frederickburch die gebauget worden Ano 1704   Fischer v E

119 Entwurf für ein Lustschloß für König Friedrich I. in Preußen.

120 Entwurf für ein Lustschloß für König Friedrich I. in Preußen – Varianten.

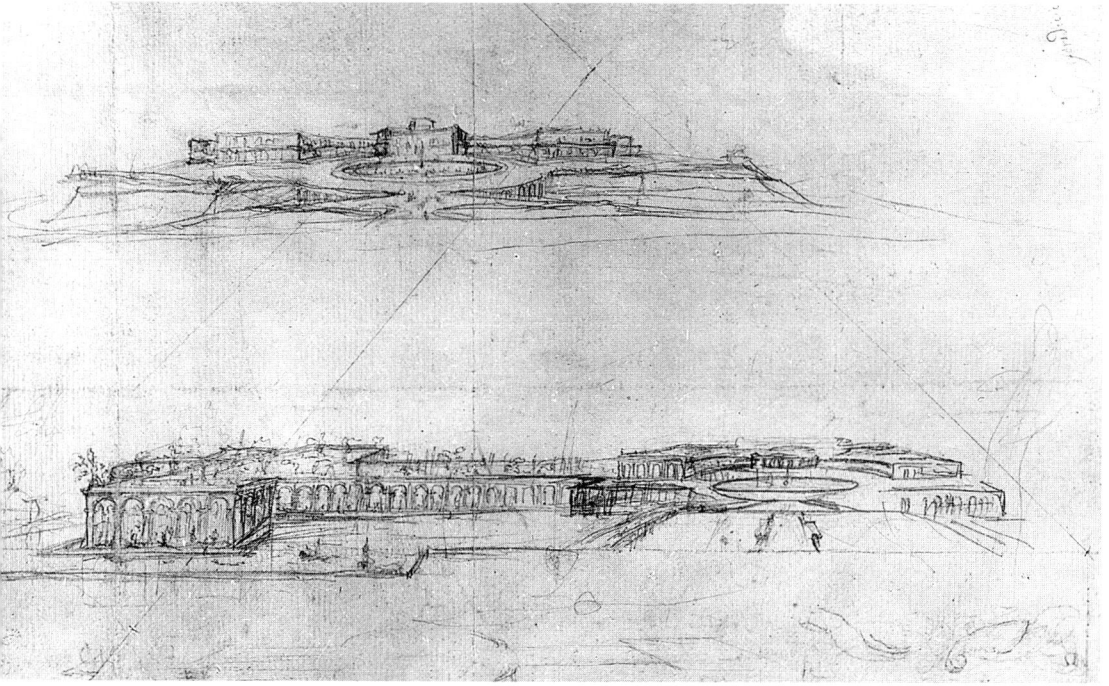

Gegen 1705   Wien I, Hoher Markt, Josephssäule

Auftraggeber: Kaiser Leopold I.

Anlaß zur Errichtung dieses Monuments war ein Gelübde Kaiser Leopolds, für seinen Sohn Joseph bei glücklicher Rückkehr aus den Kämpfen um die Festung Landau (1702) eine Gedenksäule zu errichten. Noch kurz vor seinem Tod, 1705, empfahl der Kaiser die Fortführung dieses Projektes nach den Planungen Fischers. In Eile wurde das zunächst in dauerhaften Materialien (Marmor) konzipierte Denkmal provisorisch in marmorweiß gefaßtem Holz errichtet und – bereits in der Regierungszeit Josephs I. – am Josephstag 1706 eingeweiht. Diesen Zustand zeigt der hier abgebildete Stich von Engelbrecht-Pfeffel.

Die plastische Hauptgruppe stellt dar, wie «die Mutter Gottes mit dem heiligen Joseph von dem Hohepriester vermählet wird» – also eine für die habsburgische Kunstpatronanz («pietas austriaca») sehr bezeichnende Umdeutung eines personenbezogenen Denkmals in die religiöse Sphäre. Daß Fischer an dieser inhaltlichen Konzeption des Denkmals beteiligt war, wird zwar von Rinck, dem Biographen Kaiser Leopolds, überliefert, ist aber nicht völlig gesichert; verbürgt sind lediglich Zahlungen «für die Aufrichtung».

Obwohl das Denkmal frei auf dem Hohen Markt aufgestellt war, bilden sowohl die Skulpturengruppe als auch der bizarr überwölbte Säulenbaldachin eine eindeutige Hauptschauseite aus; dabei sind im Sockelbereich Anregungen aus der frühen Pestsäule (vgl. Abb. 46) verarbeitet. Flankierende Statuen (Demut, Reinheit) ergänzen die Komposition.

Erst lange nach dem Tod Josephs I. wurde das hölzerne Provisorium 1732 durch das heute noch bestehende Denkmal aus Marmor ersetzt. Dabei veränderte Fischers Sohn Joseph Emanuel in einigen Punkten (Form des Baldachins) das Konzept seines Vaters.

121 Wien, Josephssäule am Hohen Markt (Stich von Engelbrecht-Pfeffel, nach 1706). ▷

Humilitas.
Exeat eum
ab
Humilitate
Spiritu.
Eccl. 11.
v. 13.

Paritas.
Flores
mei.
Fructus
Honoris
et honesta-
tis.
Eccl. 24.

VIRG MARIA. deQua Natus est IESUS
Austriæ Tutelari.
LEOPOLDO MAGNO vovente.
IOSEPHO I. Rom. Imperator Semper Augusto.
erexit.
M. DCCVI.

Cum Grat et Privilegio Sac Cæs Maj.

Abbildung der auß Verlobnüß weil: Ihrer Kayse. Maj. LEOPOLDI des Ersten, höchstseeligsten Angedenckens, und allergnädig-
sten Befehl Ihrer anjetzo Glorwürdigst regierenden Kayse. Maj. IOSEPHI des Ersten, zu Gedachnüs der Vermählung
der Seeligsten Jungfrauen Maria mit dem Heiligen Joseph, auf dem so genannten Hohen-Marckt der Kayse.
Residenz Statt Wienn prächtig aufgerichteten Ehren-Saul.

1708/09 Salzburg, Hochaltar der Franziskanerkirche

Auftraggeber: P. Marinus Panger, Guardian des Franziskanerklosters

In der kurzen Zeit seiner Leitung des Salzburger Franziskanerordens (1708–1710) vermittelte Panger, der als Hoftheologe von Erzbischof Graf Thun mit Fischer bestens vertraut war, dem Künstler diesen Auftrag. Es galt, den bereits baufällig *(«pervetustum et ruinosum»)* gewordenen großen spätgotischen Hochaltar Michael Pachers durch eine neue Anlage zu ersetzen. Dabei sollte Pachers Madonna, die seit der Gegenreformation als Gnadenbild verehrt wurde, in das Zentrum des Altares rücken.

Fischers Entwurf schließt eng an seine Ideen zu Palastportalen an (vgl. das zeitlich nahe [?] Tor des Wiener Palastes Dietrichstein – Abb. 124) und entwickelt sie in die dritte Dimension weiter. Hinter dem Gebälk der frontal gestellten Säulen wächst der hochgeführte Diadembogen als bekrönendes Motiv hervor und wird nach hinten zu räumlich ergänzt, so daß sich der Eindruck eines geschlossenen Runds ergibt, aus dem die Strahlen der Aureole auf das in Wolken gebettete Gnadenbild fallen.

Der schlanke Baldachin, dessen Proportionen bedachtsam auf den hohen spätgotischen Raum abgestimmt sind, wird von Statuen flankiert, die in barocker Umformung auf die Tradition der seitlichen «Schreinwächter» des Pacher-Altares verweisen.

122 Salzburg, Franziskanerkirche, Hochaltar. ▷

Vor 1709   Wien I, Umgestaltung des Palais Dietrichstein
(später: Lobkowitz)

Auftraggeber: Philipp Sigismund Graf Dietrichstein

An dem ab 1687 von G. P. Tencalla geplanten und in den folgenden Jahren errichteten Bau – es ist der erste monumentale Adelspalast Wiens nach der Türkenbelagerung von 1683 – hat Fischer nur punktuelle Veränderungen vorgenommen. Wahrscheinlich geht die auf der Stichdarstellung seines Sohnes ersichtliche Betonung des Mittelrisalits durch ein reliefgeschmücktes Attikageschoß auf ihn zurück, sicherlich aber das in schaustück-hafter Selbständigkeit an den Bau gesetzte Portal, das enge Verwandtschaft zum 1709 datierten Altar der Salzburger Franziskanerkirche aufweist (vgl. S. 128 f.). Hier wie dort bestimmt das Motiv des dreidimensional vorgewölbten und scharfkantig gezogenen Diadembogens die Komposition und ist hier in seiner feinen Profilierung wohl sehr absichtsvoll in Kontrast zu der kräftig rustizierten Fassadenwand gesetzt.

Während die Zuschreibung an Fischer als sicher gelten kann, ist die genaue Datierung unklar. Eine eigenhändige Zeichnung Fischers zeigt ein fast identisches Portal mit Fürstenhut – wahrscheinlich war das Projekt zunächst für einen Bau des fürstlichen Zweiges der Familie Dietrichstein bestimmt und wurde erst später (vielleicht noch während der neunziger Jahre?) an diesem Palast realisiert.

123 Wien, Stadtpalais Dietrichstein (Stich von Fischer-Delsenbach, um 1711).

124 Wien, Stadtpalais Dietrichstein, Portal.

Ab 1709   Wien I, Böhmische Hofkanzlei

Auftraggeber: Johann Wenzel Graf Wratislaw von Mitrowitz (bis 1712) / Leopold Anton Joseph Graf Schlick (ab 1712) als Hofkanzler des Königreiches Böhmen

Der Verwaltungsbau, der freilich zugleich auch repräsentativen Zwecken zu dienen hatte, steht formal gänzlich in der Tradition des adeligen Palastbaues. Fischers Fassadenentwurf, zu dem sich mehrere nur im Detail unterschiedene Varianten erhalten haben, steht denn auch dem etwa zeitgleichen Palais Trautson (vgl. S. 134 ff.) sehr nahe: hier wie dort ist die dreiachsige Mitte durch das klassische Motiv der Tempelfront hervorgehoben – das hier erstmals in den Palastbau Wiens eingeführt wird –, während die seitlichen Rücklagen ohne architektonische Ordnung bleiben und primär durch die Fenster und ihre Umrahmung gegliedert werden. Da die Enge der Gasse ein kräftiges Vortreten des Risalits nicht zuließ – er springt de facto nur um wenige Zentimeter vor –, ist dieser Bauteil zusätzlich durch reichen Skulpturenschmuck hervorgehoben: Im Erdgeschoß sind die drei Portale von Atlanthermen flankiert, deren Körper nahezu vollpla-

125 Wien, Böhmische Hofkanzlei, Fassade.

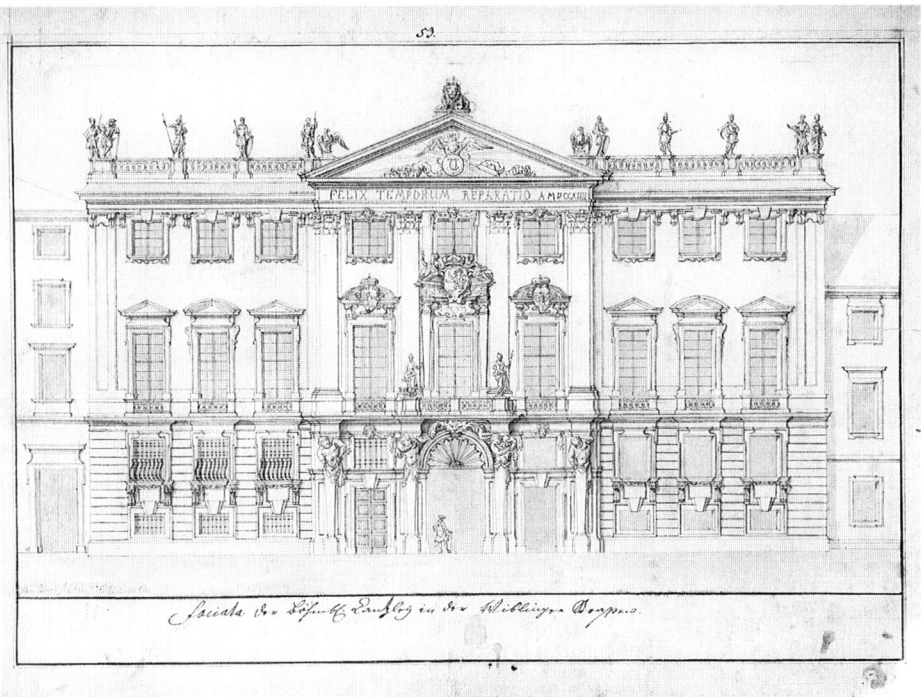

stisch ausgeformt sind. Darüber flankieren vier weibliche allegorische Figuren (ihre Bedeutung ist nicht völlig geklärt) die reich gebildeten Fenster im Piano Nobile, in deren Bekrönung die Wappen Mährens, Böhmens und Schlesiens auf die Widmung des Baues abzielen. Auch die — heute nicht mehr vorhandenen — Skulpturen über dem Gebälk waren diesem Thema gewidmet (böhmischer Löwe, Statuen böhmischer Könige).

Ein erweiternder Umbau (nach 1750 durch Matthias Gerl) hat Fischers Formen respektiert; im Inneren ist das weitläufige Treppenhaus in etwas vereinfachter Form noch erhalten geblieben.

126 Wien, Böhmische Hofkanzlei, Fassade, Detail.

127 Wien, Gartenpalais Trautson, Hauptfassade.

Ab 1710   Wien VII, Gartenpalais Trautson

Auftraggeber: Johann Leopold Donat Graf Trautson

Der repräsentativ am Rande des Glacis und mit freiem Blick auf die Innere Stadt gelegene Baugrund befand sich bereits seit dem 17. Jahrhundert im Besitz der Familie. Anlaß für den aufwendigen Neubau dürften die Ernennung von Graf Trautson zum Obersthofmeister (1709) und seine bevorstehende Erhebung in den Reichsfürstenstand (1711) gewesen sein. Baubeginn war 1710, schon 1716 war die Anlage weitgehend vollendet.

Originale Dokumente zum Bau fehlen, doch ist Fischers Autorschaft durch die Stiche in seiner «Historischen Architektur» gesichert.

Erstaunlich und noch nicht restlos geklärt ist die Zwitterstellung des Baues – halb Stadt- und halb Gartenpalast und beides in einem. Eine solche Entscheidung über Typus und Funktion des Palastes trifft nicht allein, nicht einmal vorrangig der Architekt, sondern der Bauherr; welche Absichten dieser damit verbunden hat, wissen wir nicht.

Tatsache ist, daß der Palast, seine Fassade wie auch innere Raumaufteilung völlig in der Tradition innerstädtischen Bauens stehen, er aber auch – vielleicht sogar primär – als suburbanes Gartengebäude benutzt worden ist und die dafür notwendigen Räume (Sala terrena) und Trabantenbauten (Orangerie) enthielt. Wohl nicht zufällig bezeichnen Fischers Stiche den Bau weder als «Pallast» noch als «Gartten-Gebäu», sondern neutral als «Gebäude» und «Hôtel». Das Palais Trautson ist jedenfalls der einzige Barockpalast Wiens, der diese beiden sonst streng voneinander getrennten Sphären des Bauens und Wohnens miteinander verbindet. Allenfalls der zwei Jahrzehnte früher errichtete «Palazzo in Villa» des Fürsten Liechtenstein läßt sich in dieser Hinsicht vergleichen.

128 Wien, Gartenpalais Trautson (Stich von Fischer-Delsenbach, um 1715).

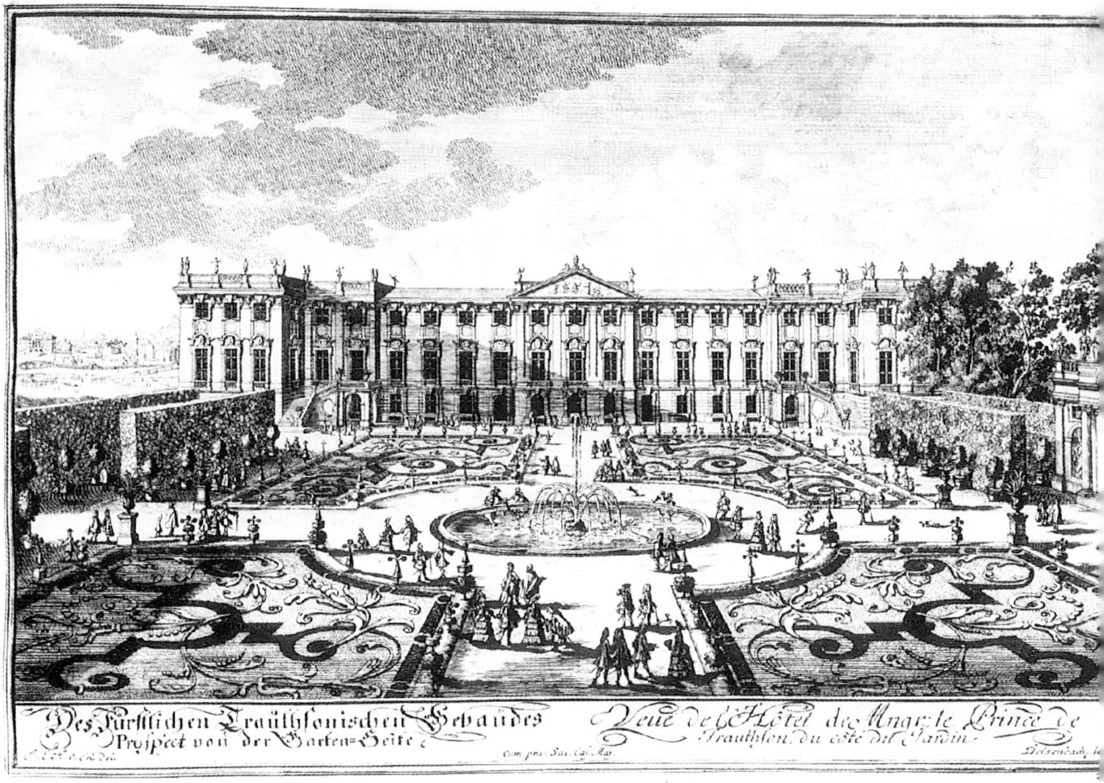

129 Wien, Gartenpalais Trautson, Gartenfassade (Stich von Fischer-Delsenbach, um 1715).

130 Wien, Gartenpalais Trautson, Grundriß (Bauaufnahme spätes 18. Jh.).

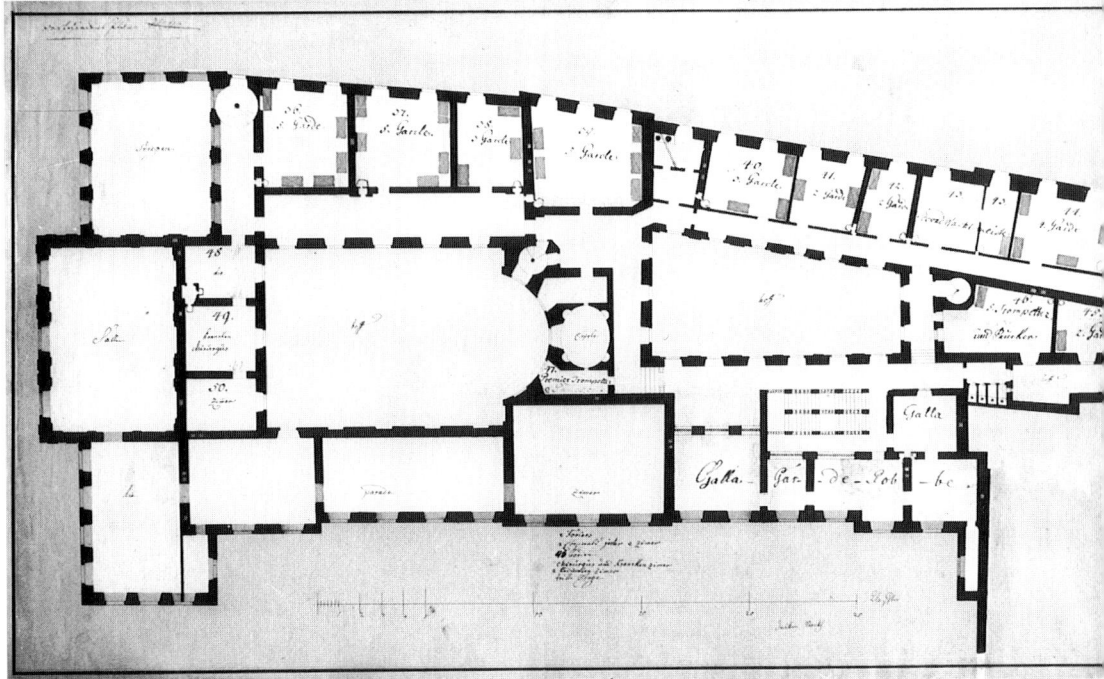

Die Fassade des tiefen Baublockes, der nicht — wie bei suburbanen Bauten üblich — auf die Achse des Gartens bezogen ist, sondern im rechten Winkel dazu steht, ist der Stadt zugewandt. Dem blockhaft-kräftig vortretenden Mittelrisalit ist die korrekt nach den Regeln gebildete komposite Pilasterordnung unter dreieckigem Frontispiz vorbehalten, während die seitlichen Rücklagen von einer «ordre absent» gegliedert werden, wobei die vertikal zusammengezogenen Fensterbahnen die optisch-tektonisch aktive Rolle übernehmen; dies gilt grundsätzlich auch für die seitliche Fassade zum Garten. Die reich mit Skulptur besetzten Fensterverdachungen bereichern die Oberfläche und mildern die klassische Strenge der Komposition. Auf das von Doppelsäulen flankierte Portal folgt ein von Säulenbündeln unterteiltes Vestibül, in das der Anlauf der dreiläufigen Treppe integriert ist, die den gesamten linken Teil des Hauptfassadentraktes einnimmt und zum großen Saal im Obergeschoß führt — eine Raumfolge, die in Typus, Form und Größe der gehobenen Norm des innerstädtischen Palastbaues entspricht. Auch der dem Vestibül folgende Innenhof ist unikal für einen Gartenpalast; hinter seiner einschwingenden Fassade befand sich im Obergeschoß die ovale Kapelle.

Im Erdgeschoß des rechten Traktes ist die freskierte «Sala terrena» untergebracht, die sich direkt zum Garten öffnete; kleine Freitreppen an dieser Fassade gewährten zudem eine unmittelbare Kommunikation zwischen Obergeschoß und Garten, so daß der Bau auch nach den Standards eines «Garten-Gebäus» zu benutzen war. Am Ende des weiten Parterres lag die Orangerie mit ovalem Mittelpavillon.

Grundsätzlich dominiert an diesem Bau eine strenge Formensprache, die für Fischers späten Stil bezeichnend ist und auch die freien Antiken-Rekonstruktionen der «Historischen Architektur» bestimmt (vgl. Abb. 32); es ist daher fraglich, ob man für diesen Bau — wie zumeist zu lesen ist — Palladio oder den Palladianismus als unmittelbare Anregung zu sehen hat.

131 Wien, Gartenpalais Trautson, Vestibül und Treppenhaus.

1711 Wien I, Trauergerüst für Kaiser Joseph I.

Auftraggeberin: Kaiserin Eleonora Magdalena (Mutter Josephs I.)

Das «Castrum doloris» war im Mittelschiff der als Hofkirche dienenden Augustiner-kirche aufgestellt. Der auf hohem Sockel unter schwarzem Stoffbaldachin postierte Katafalk war von allegorischen Trauerfiguren sowie den in der Form römischer Triumphsäulen umgestalteten gotischen Pfeilern der Kirche umstellt; Reliefs und Inschriften veranschaulichen die Leistungen Josephs für das Reich (Programm: Hofantiquarius Carl Gustav Heraeus). Mit der Spiralsäule verwendet Fischer ein Motiv, das bereits bei den frühen Ehrenpforten für Joseph eine zentrale Rolle gespielt hatte und sich bald wiederum – nun für Karl VI. – an der Karlskirche finden wird.

Ein weiteres Trauergerüst Fischers – in Form eines Obelisken – war im Stephansdom aufgestellt.

132 Wien, Augustinerkirche, Trauergerüst für Joseph I. (Stich von Fischer-Delsenbach, 1711).

Um 1713   Wien I, Stadtpalais Schwarzenberg, Entwurf für eine neue Fassade zur Kärntnerstraße

Auftraggeber : Adam Franz Fürst Schwarzenberg

Der innerstädtische Familienpalast Schwarzenberg hatte seine Hauptfassade zum Neuen Markt. Mehrfache Umbauprojekte dieses Kernbaues (u. a. von Domenico Martinelli und wohl auch von Fischer selbst) blieben unausgeführt. Grundstücksankäufe der Jahre 1701, 1705 und 1713 ermöglichten eine Erweiterung zur Kärntnerstraße hin, wo nun eine neue Nebenfassade entstehen sollte. Fischer schlägt in zwei nur unwesentlich voneinander abweichenden Zeichnungen Fassaden für diesen neuen Trakt vor. Entscheidend ist dabei die Überhöhung des fünfachsigen Mittelrisalits, der – trotz nur sehr seichten Vorspringens – deutlich als eigenständiger Baukörper gestaltet werden sollte.

Etwas schematisch kombiniert Fischer dabei Motive von anderen Bauten seiner späten Jahre. So erinnert die hypertrophe Portalzone an die Böhmische Hofkanzlei (S. 132 f.), die körperliche Risalitbildung an den Prager Palast Clam-Gallas (S. 141 ff.), das Giebelmotiv an das Palais Trautson (S. 134 ff.). Das auch in den Proportionen nicht völlig geglückte Projekt verweist auf die Schwierigkeiten, die sich offenbar durch die vom Altbestand vorgegebenen Geschoßhöhen ergeben haben.

Die erst ab 1722 tatsächlich ausgeführte Fassade hatte nur mehr allgemeinste Züge mit Fischers Projekt gemein.

133 Wien, Stadtpalais Schwarzenberg, Fassadenentwurf.

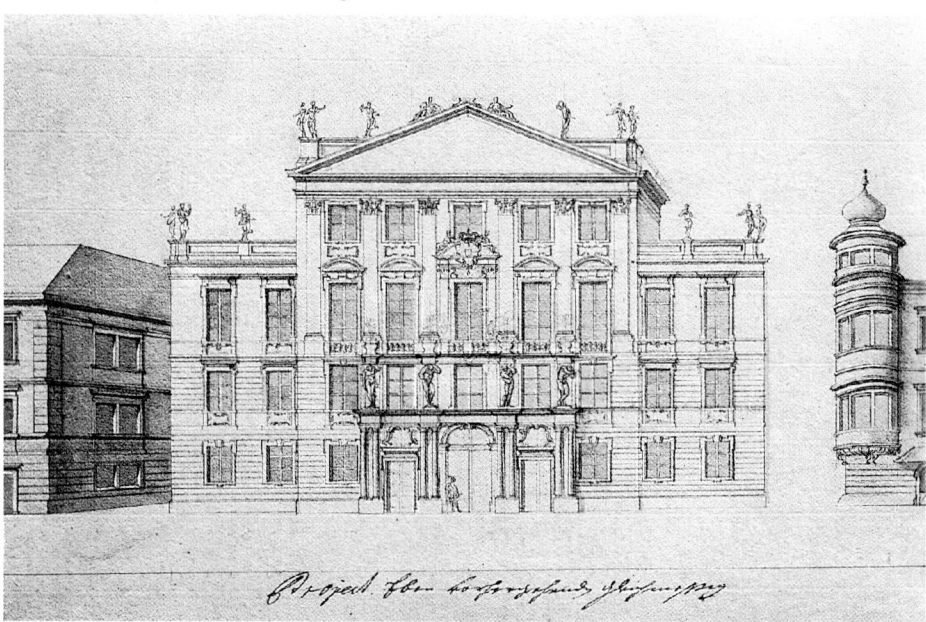

Ab 1713   Prag, Palais Gallas (später: Clam-Gallas)

Auftraggeber: Johann Wenzel Graf Gallas

Mittelbarer Anlaß für den Bau dürfte die Erhebung des Grafen Gallas zum Landmarschall von Böhmen (1708) gewesen sein. Ab 1713 sind Bauarbeiten dokumentiert, Fischers Pläne sind wohl in diesem Jahr, vielleicht auch schon 1712 entstanden. Nach zum Teil noch unpublizierten Baurechnungen waren die Arbeiten 1719, im Todesjahr des Bauherrn, zu einem großen Teil abgeschlossen, die Innenausstattung zog sich jedoch noch längere Zeit hin und konnte nicht gänzlich vollendet werden.

Der Bauplatz liegt im dicht verbauten Teil der Prager Altstadt und war mit mehreren, zum Teil ins Mittelalter zurückreichenden Häusern besetzt, deren Mauersubstanz weiterverwendet werden mußte. Obwohl in der engen Gasse die Fassade in ihrer Gesamtheit kaum zur Ansicht kommt, hat Fischer ihre Gestaltung und Proportionierung mit großer Sorgfalt geplant. Einem dreiachsigen, übergiebelten Mittelrisalit antworten an den Flanken zwei schmälere Seitenrisalite – alle drei springen de facto nur um wenige Zentimeter vor und entfalten ihre Wirkung erst in der oberen Zone, wo sie turmartig überhöht das Traufgesims beträchtlich überragen und durch die seitlich weitergeführte Gliederung als dreidimensionale Blöcke erscheinen.

134 Prag, Palais (Clam)-Gallas, Fassade («Historische Architektur», Bd. IV, Tf. 8).

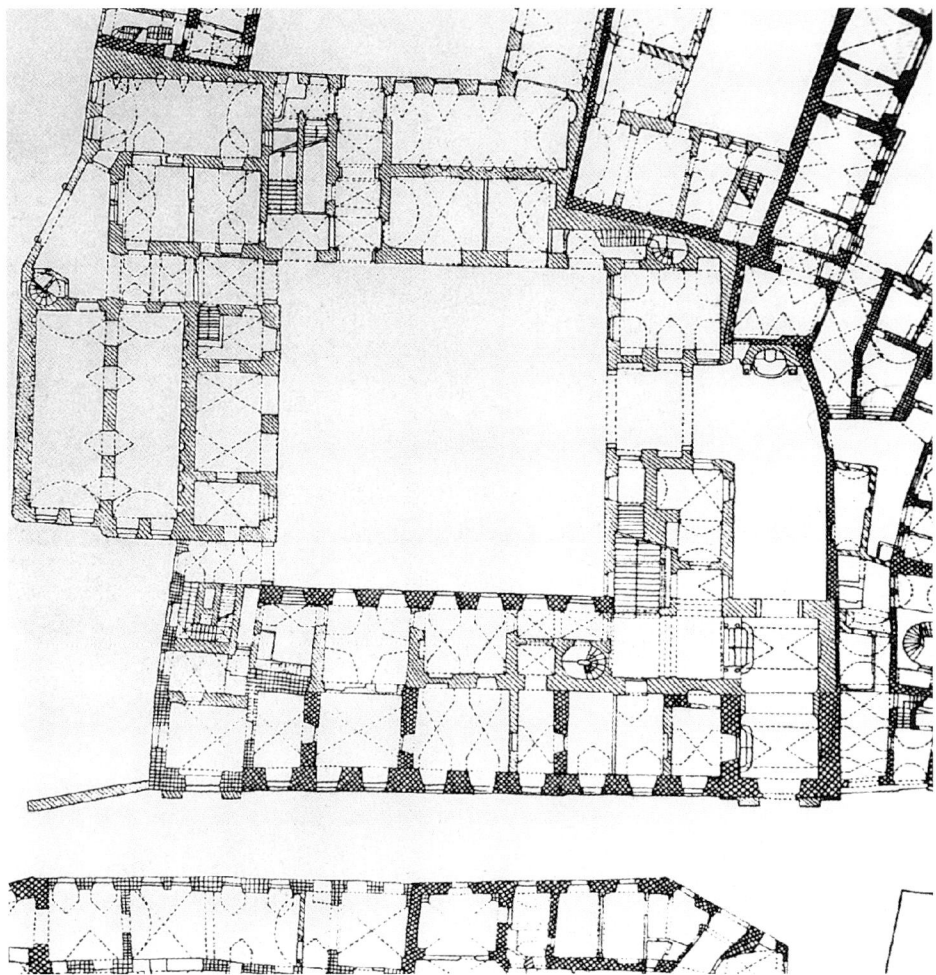

135 Prag, Palais (Clam)-Gallas, Grundriß (Kreuzschraffur = alte Bausubstanz, schräge Schraffierung = Neubau Fischers).

Die Erschließung des Baues durch eine Einfahrt war nur im Süden, im rechten Risalit möglich. Trotz der Enge der Gasse hat Fischer mit den beiden weit vortretenden Portalen (das nördliche ist durch die Symmetrie bestimmt und weitgehend funktionslos) hier überaus kräftige Akzente gesetzt. Ihre Wucht wird freilich durch die weich ondulierte Oberfläche sowohl der Atlanten als auch der reliefgeschmückten Sockel- und Gebälkstücke gemildert (bildhauerische Arbeiten von Matthias Braun). Die beiden darüberliegenden Geschosse sind durch höchst originelle dreigeteilte Fenster miteinander verbunden und setzen zugleich den Akzent des Portals in betonter Vertikalität nach oben fort – ein Motiv, das Ideen von Schlüters Berliner Stadtschloß (Lustgartenfassade) aufgreift, das Fischer wenige Jahre zuvor studiert hatte.

142

136　Prag, Palais (Clam)-Gallas, Fassade, Schrägansicht.

Wohl ebenfalls mit Rücksicht auf die Belichtung in der engen Gasse wurden die repräsentativen Räume des «Piano Nobile» in das dritte Geschoß gelegt; er ist durch die
Höhe seiner Fenster und den skulpturalen Reichtum ihrer Bekrönungen an der Fassade
deutlich kenntlich gemacht. Höchst unkonventionell, aber bedachtsam auf die Lage des
Baues abgestimmt, ist auch die wechselnde Höhe der Sockelzone. An den Risaliten reichen die Rustikabänder über beide Untergeschosse, an den Rücklagen nur über eines –
eine eigenartige Verklammerung zwischen den beiden sonst stets klar voneinander ge-
schiedenen Bereichen.

Wie stets bei seinen Stadtpalästen hat Fischer auch hier die Akzente in der inneren
Raumabfolge sorgsam bedacht. Unmittelbar an das notgedrungen schmale Einfahrtsvestibül ist linker Hand der Schacht des Treppenhauses angeschlossen, das – als einer
der wenigen Bauteile, die völlig neu «ab fundamentis» errichtet werden konnten – aus
der alten Bausubstanz des Fassadentraktes weit in den Hofraum vorgeschoben wird
und somit die Belichtung der Treppe von drei Seiten ermöglicht. Laufführung und Gliederung sind einfach, aber weiträumig; Skulpturen, Vasen und Türverdachungen setzen
punktuell Akzente. Ob alle Details in diesem Raum, die stilistisch etwas heterogen scheinen, noch auf Fischer oder seine Entwürfe zurückgehen, ist ungewiß; das Deckenfresko
von C. I. Carlone (Triumph Apolls und der Musen) ist jedenfalls, wie auch andere Male-
reien in den oberen Geschossen, erst nach 1725 entstanden.

137 Prag, Palais (Clam)-Gallas, Portal.

144

138   Prag, Palais (Clam)-Gallas, Fensterbekrönung im «Piano Nobile».

Den Höhepunkt der Raumabfolge sollte der große Saal bilden. Da auf Grund des alten Mauerbestandes im Fassadentrakt eine weiträumige Lösung nicht möglich war, hat Fischer ihn im nördlichen (= linken) Flügel vorgesehen, wo bei größerer Raumtiefe eine freiere Planung möglich war. Zur Vollendung dieser Idee ist es nicht mehr gekommen; ein 1799 noch erwähnter Entwurf zu diesem Saal *(«aber aus dem Entwurfe zu schließen, so hätte dieser Saal mit zu den besonderen Schönheiten dieses Pallasts gehört»)* hat sich nicht erhalten.

Besonders im Hinblick auf die Schwierigkeiten der hier gestellten Aufgabe ist Fischers Prager Palast eines der eindrucksvollsten Werke seines späten Schaffens. Für die unkonventionellen Züge an diesem Bau mag mit ausschlaggebend gewesen sein, daß er hier in Prag weniger mit bereits fest etablierten Typen und Formtraditionen des Palastbaues konfrontiert war als zur selben Zeit in Wien.

1714   Prag, St. Jakob, Grabmal Wratislaw von Mitrowitz

Auftraggeber: Leopold Anton Joseph Graf Schlick, Hofkanzler des Königreiches Böhmen

Graf Wratislaw von Mitrowitz, der Fischer mit der Erbauung der Böhmischen Hofkanzlei in Wien betraut hatte (siehe S. 132 f.), war 1712 gestorben. Sein Schwager und Nachfolger im Amt des Kanzlers von Böhmen, Graf Schlick, beauftragte Fischer um 1714 mit dem Entwurf. 1715 wurde das Grabmal aufgestellt, die von Ferdinand Maximilian Brokoff verfertigten Skulpturen waren im folgenden Jahr vollendet.

Fischer greift bei seinem Entwurf auf bewährte, im Habsburgerreich freilich bislang noch nicht etablierte Formtraditionen zurück: die Grundidee der Kombination von Sarkophag und Pyramide war in Raffaels Grabkapelle Chigi vorgebildet, die dem Künstler in der ab 1655 von Bernini modifizierten Form bei seinem römischen Aufenthalt bekanntgeworden ist. In vergleichbarer Weise hatte sich Charles Le Brun dieser Idee für das Grabmonument des Marschalls Turenne (gestorben 1675) bedient (ehemals St-Denis, heute im Pariser Invalidendom).

Der Verstorbene, in die Rüstung eines Malteserritters gekleidet, erhält von einer weiblichen allegorischen Figur (Spes? Caritas?) den Sternenreif der Unsterblichkeit, rechts verweist Chronos in inhaltlichem Kontrapost auf die Vergänglichkeit. Fama lenkt den Blick auf die Inschrift der Pyramide, die im Wort «CANCELLAR . . . (IUS)» abbricht und damit die Bedeutung des Verstorbenen im Amt des Kanzlers der böhmischen Krone verweist. Das Programm geht auf den kaiserlichen Hofantiquarius Carl Gustav Heraeus zurück, dessen – nicht ausgeführte – Grabinschrift der Künstler in einer eigenen Tafel seiner «Historischen Architektur» festgehalten hat.

Erstaunlicherweise – denn Fischer wäre als Bildhauer-Architekt geradezu prädestiniert für Aufgaben dieser Art gewesen – ist dies das einzige Grabmal, mit dem der Künstler je beauftragt wurde.

139 Prag, St. Jakob, Grabmal Wratislaw von Mitrowitz («Historische Architektur», Bd. IV, Tf. 21).

Ab 1714 Herzogenburg, Entwürfe für die Stiftsanlage

Auftraggeber: Wilhelm von Schmerling, Propst des Augustiner-Chorherrenstiftes Herzogenburg

Im einzelnen bleibt unklar, mit welcher Absicht Propst Schmerling neben dem «Klosterbaumeister» Jacob Prandtauer, nach dessen Plänen 1714 mit dem Neubau des Stiftes begonnen wurde, auch Fischer mit Planungen beauftragte, der im Bereich der Klosterbaukunst so gut wie keine Erfahrungen besaß. Ein Gesamtkonzept Fischers blieb unausgeführt, gebaut wurde nach seinem Entwurf schließlich nur der große Saalrisalit: Er ist in seiner Gliederung, die an die späten Palastfassaden erinnert, den Trakten Prandtauers schroff, wuchtig und ohne jeden Versuch einer formalen Angleichung entgegengestellt. Man könnte meinen, hierin etwas von der Rivalität zwischen den beiden Künstlern ausgedrückt zu sehen.

140 Herzogenburg, Stift, Mittelrisalit des Osttraktes.

Vor 1715 Wien XIV, Landhaus Huldenberg

Auftraggeber: Daniel Erasmus von Huldenberg, kurfürstlich hannoveranischer und königlich englischer Gesandter in Wien

Der kleine, weit vor den Toren der Stadt gelegene Bau — er wurde in den Jahren nach 1710 geplant und war 1715 fast vollendet — scheint wesentlich von den Vorstellungen des Bauherrn bestimmt worden zu sein, worauf die Legende eines kurz nach Fertigstellung veröffentlichten Stiches deutlich hinweist: «*Maison de Plaisance de S. E. M. Le Baron de Huldenberg... inventé, dessiné et ordonné Elle meme...*» Dies betrifft zunächst das kleine und einfach gehaltene Landhaus selbst, an dem man «palladianische» Züge festgestellt hat, die mit der zeitgleichen englischen Architektur parallel gehen, aber auch den Garten, bei dem sich Reminiszenzen an die Anlage von Hannover-Herrenhausen finden (Skulpturen der «Borghesischen Fechter»).

Die Autorschaft Fischers ist nicht gesichert, aber wahrscheinlich. Er konnte hier freilich nur wenige Ideen aus seiner bereits einige Jahre zurückliegenden «großen» Zeit als Architekt der Lustgebäude des Adels verwirklichen.

In mehrfach umgestalteter Form bestand der Bau bis 1972 und wurde dann abgebrochen.

141 Wien, Landhaus Huldenberg (Stich von Corvinus-Wolff, nach 1715).

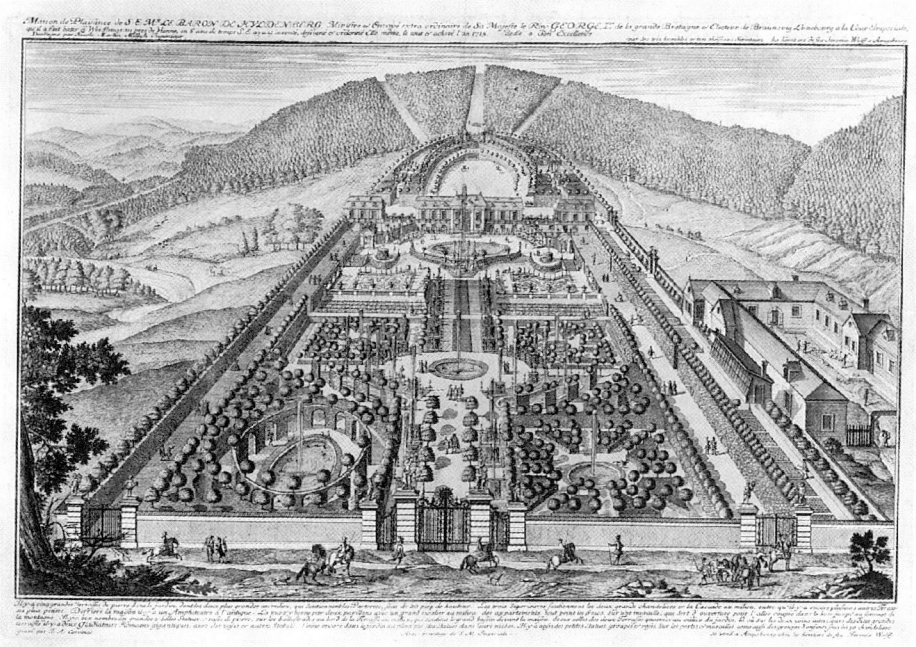

Ab 1715 Wien IV, Karlskirche

Auftraggeber: Kaiser Karl VI.

Die Errichtung dieses Baues geht auf ein Gelübde Karls VI. während der Pest in Wien 1713 zurück, bei glücklicher Abwendung der Epidemie eine seinem Namenspatron, dem heiligen Karl Borromäus, geweihte Kirche zu errichten. An den Kosten sollten alle Länder des Reiches beteiligt werden; bei der Grundsteinlegung wird denn auch genau vermerkt, Karl VI. habe den Bau «suo Domus et Provinciarum nomine» gestiftet. Reichs- politische Dimensionen bestimmen das Bauwerk also von Anfang an, es ist eine Denk- malskirche – primär Denkmal und erst in zweiter Linie Kirche; es war denn auch nicht ganz leicht, eine angemessene Nutzung für den Bau zu finden: nach langen, von Intri- gen begleiteten Verhandlungen wurde die Kirche erst 1733 den Prager Kreuzherren mit dem roten Stern zur geistlichen Administration übergeben.

Obwohl die Baugelder aus den Kronländern zunächst nur langsam eingingen, konnte die gewaltige Anlage nach Grundsteinlegung am 4. Februar 1716 einigermaßen zügig hochgeführt werden: 1720 sind die ersten Teile unter Dach, 1724 war die Kuppel ge- schlossen. Ab etwa 1722 hatte Fischers Sohn Joseph Emanuel die Bauleitung übernom- men. Die Ausstattung mit Malerei (Kuppelfresko von J. M. Rottmayr ab 1725), Skulptur und Stuck zog sich noch über mehrere Jahre hin. Erst 1737 konnte mit der Weihe des Hochaltares der Bau zur Gänze vollendet werden.

Die Planung erfolgte 1715 in Form einer beschränkt gehaltenen Ausschreibung, an der lediglich die kaiserlichen Hofarchitekten Johann Lucas von Hildebrandt, Ferdinando Galli-Bibiena und Fischer beteiligt waren; Ende November bis Anfang Dezember 1715 entschied sich Karl VI. für das Projekt Fischers. Die Konkurrenzprojekte sind verloren, so

142 Wien, Karlskirche, Lageplan, Ende Oktober 1715 (Wien, Allgemeines Verwaltungsarchiv).

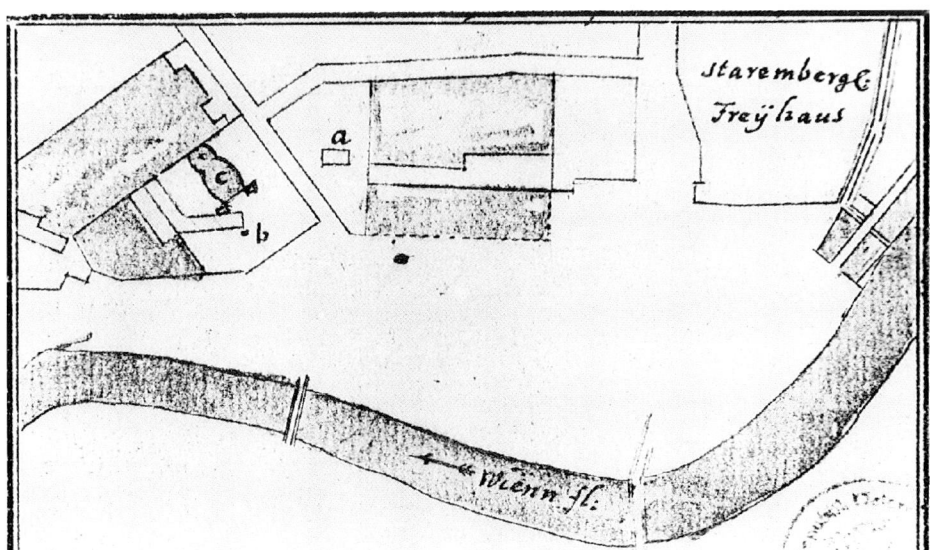

No: XII.

pect der Neuen Kirchen S. Caroli Borromæi,
ℓ Seine Kayserlich- und Catholische Majestät, Unser
gnädigster Herr Herr Carl der Sechste, als ein gelübd
uen lasset in Wienn, unweit der Favoritecg.

Vuë de la nouvelle Eglise de S. Charles Borome, que Sa
Majesté Imperiale et Catholique. Nôtre très auguste
Monarque et Seigneur Charles VI fait bâtir, en ayant
fait vœu à Vienne, pas loin de la Favorite.

Cum Privil: Sac: Cæsar: Majest:

143 Wien, Karlskirche, Schauseite («Historische Architektur», Bd. IV, Tf. 12).

daß heute nicht mehr entschieden werden kann, ob – wie bei großen Bauvorhaben dieser Art durchaus üblich – in Fischers Ausführung Ideen seiner Konkurrenten mit einge-
flossen sind. Auch wissen wir nicht, ob dieser Konkurrenz bereits Vorgaben von seiten
des Kaisers und seiner Berater zugrunde lagen. Ein dem Hofkriegsrat bereits am 31. Oktober 1715 – also noch *vor* der Entscheidung für Fischers Projekt – zur Genehmigung
vorgelegter Lageplan zeigt jedenfalls bereits einen längsovalen Bau mit seitlichen Fas-
sadentrabanten und läßt die Frage offen, ob wir die ausgeführte Kirche in allen ihren
Charakteristika als genuine Invention des Künstlers ansehen dürfen.

In der von Fischer seiner «Historischen Architektur» eingegliederten Perspektivdarstellung dürfte die früheste Fassung seines Projektes vorliegen, die bereits alle wesentlichen Charakteristika des später ausgeführten Baues enthält: das beherrschende Motiv
der hohen Tambourkuppel über der klassisch-strengen Tempelfront, flankiert von den
beiden römischen Triumphsäulen, seitlich abgeschlossen durch die Durchfahrtspavil-
lons.

144 Wien, Karlskirche, Kuppel (Detail von Abb. 143).

145 Wien, Karlskirche, Seitenansicht.

Stärker als in der Ausführung tritt hier der Charakter des Baues als Konglomerat verschiedener nur lose miteinander verbundener Einzelkörper zutage, der grundsätzlich an die Prinzipien der ephemeren Denkmalsarchitekturen Fischers erinnert. Besonders der beherrschende Zylinder der Tambourkuppel ist mit Nachdruck als Zentrum der Komposition (hier durchaus als «Zusammen-Fügung» im Wortsinne zu verstehen) inszeniert: mit dreidimensionaler Wucht drängt er nach vorne, schiebt den filigranen Portikus gleichsam vor sich her.

Versucht man, dieses szenographische Schaubild mit dem von Fischer im nächsten Blatt gezeigten Grundriß in Übereinstimmung zu bringen, so erweist sich dies bald als unmöglich; denn die ovale Rotunde scheint unmittelbar hinter dem Portikus hochzuwachsen, ohne daß hier Platz für die längsrechteckige Emporenvorhalle wäre, in die die von den seitlichen Pavillons ausgehenden Zugänge münden. Fischers frühes Schaubild der Fassade gibt also Einblick in die Prinzipien seines architektonischen Komponierens. Ganz offensichtlich steht die dreidimensionale Wirkung der Baukörper im Raum am Beginn seiner Überlegungen (und nicht zufällig ist die szenographische Perspektive als die einer solchen Konzeption von Architektur entsprechende Darstellungsform bei ihm die Regel). Erst in nachfolgenden Arbeitsschritten wird dann eine solche «prima idea» in die «normalen» Darstellungskategorien umgesetzt und nach Maß, Zahl und Proportion modifiziert. (Es spricht im übrigen für die Suggestionskraft von Fischers Schaubild, daß ihm die meisten Veduten der Kirche im 18. Jahrhundert getreulich folgen – also seine «prima idea» darstellen und nicht den ausgeführten Bau.)

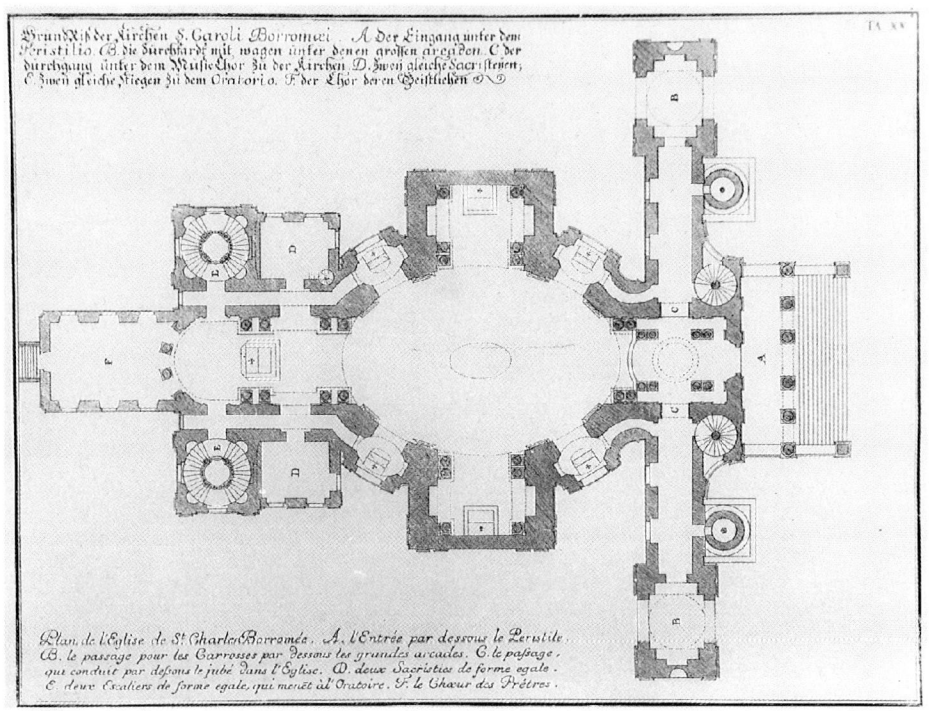

146 Wien, Karlskirche, Grundriß («Historische Architektur», Bd. IV, Tf. 15).

In der Ausführung wurde die Wucht der Kontraste gemildert und – zum Teil bereits von Fischers Sohn Joseph Emanuel – die bildhafte Geschlossenheit der Fassade verstärkt, etwa durch die breite Attikazone, die nun den Portikus hinterfängt und stärker mit den seitlichen Pavillons zusammenschließt, oder durch die «Abflachung» in der Gliederung des Tambours. Dennoch behielt die der Stadt zugewandte Front ihren Charakter als «Schauseite» eines dreidimensional konzipierten Baukörpers und hat mit traditionellen Kirchenfassaden wenig gemein. An den Seiten des Baues, wo bildmäßige Vereinheitlichung gar nicht angestrebt wird, ist Fischers additives Gesamtkonzept auch heute noch deutlich abzulesen : Der kräftig gegliederte Tambour etwa sitzt völlig ohne Bezug auf der aus einzelnen Kuben zusammengesetzten Baukörpergruppe des Unterbaus.

In einer klassisch gewordenen Studie von 1956 hat Sedlmayr die Struktur dieser «Schauseite» analysiert und die inhaltlich und formal miteinander verflochtenen Allusionen auf Kaiser Karl VI. und die Geschichte und Gegenwart des Reiches dargestellt – und dabei zugleich auch klargelegt, welch bedeutende Rolle dem gestaltenden Architekten in der Veranschaulichung solch gelehrter Konzepte zukommt. Daß der Bau zum Synonym für die barocke Kaiserkunst Wiens werden konnte (vgl. Abb. 35), ist jedenfalls ausschließlich dem Ingenium Fischers zu verdanken.

154

147 Wien, Karlskirche, Schnitt (Bauaufnahme 19. Jh.).

Das Innere der hohen Ovalrotunde erhält im Untergeschoß durch die vier großen Arkadenöffnungen eine klare Verankerung in den Hauptachsen. Die großen Kapellen gewinnen durch ihre kräftige, auch farbig deutlich abgehobene Gliederung mit Doppelsäulen verstärkte räumliche Selbständigkeit. Die im Untergeschoß rhythmisch gestellte Ordnung der kolossalen Pilaster wird im Tambour wiederum durch komplizierte Staffelung der kleinen Pilasterordnung in ein regelmäßiges Rundum verwandelt.

Gegenüber Fischers Projekt der «Historischen Architektur» ist die Wölbschale kräftig erhöht und vergrößert worden. Fischer hatte zunächst keine Fresken, sondern eine strenge Kassettierung vorgesehen gehabt. Wohl nicht zuletzt im Hinblick auf die inhaltliche Aussage des Baues wurde jedoch schon bald die malerische Ausstattung durch J. M. Rottmayr nach dem Programm des Conrad Adolph von Albrecht angeordnet, in der die «Intercessio» des heiligen Karl Borromäus in Pestzeiten auf den aktuellen Stiftungsanlaß Bezug nimmt.

Obwohl Fischer auch hier eines seiner charakteristischen «Leitmotive» – die ovale Rotunde – verwendet, läßt sich der Bau nicht völlig zwanglos in die Entwicklung seiner Kirchenbauten eingliedern, sondern nimmt als «Reichskirche» sowohl in seinem Schaffen als auch generell innerhalb der österreichischen Barockarchitektur eine isolierte Sonderstellung ein.

148 Wien, Karlskirche, Innenraum.

149 Wien, Karlskirche, Inneres einer der Kapellen in der Querachse.

Ab 1715/16 Breslau/Wrocław, Kurfürstenkapelle am Dom

Auftraggeber: Franz Ludwig von Pfalz-Neuburg, Bischof von Breslau

Bischof Franz Ludwig, seit 1716 auch Erzbischof und Kurfürst von Trier – daher der gängige Name der Kapelle –, war mit dem habsburgischen Herrscherhaus direkt verwandt und hatte wohl auf Grund dieser Beziehungen Gelegenheit, den Hofarchitekten Fischer mit der Planung der Kapelle zu betrauen. Sie war als Pendant zu der bereits bestehenden Elisabethkapelle konzipiert, wurde als spätes Dokument gegenreformatorischer Bestrebungen programmatisch dem Heiligsten Altarsakrament gewidmet und war zudem als Grablege für Franz Ludwig bestimmt.

Lage, Größe und Grundform (Rechteck mit angesetztem quadratischem Altarraum) waren durch die benachbarte Elisabethkapelle (ab 1680 von Giacomo Scianzi) weitgehend vorgegeben, darüber hinaus hat Fischer auch markante gestalterische Charakteristika dieses erstaunlich römisch-hochbarocken Baues aufgegriffen, wie etwa die konkaven Wandschwünge an den Längsseiten des Raumes.

Höchst originell ist die Überleitung der rechteckigen Raumgrenze im Untergeschoß in das Oval der aufgesetzten Tambourkuppel gelöst: während das mittlere Wandfeld in seinem konkaven Schwung das Oval der Kuppel bereits vorbereitet, sind die kräftig gerahmten Zwickel über den seitlichen schmalen Wandfeldern kompliziert verzogen, um den Wechsel vom Rechteck zum Oval optisch-tektonisch plausibel zu gestalten. Freisäulen leiten zum kleinen Altarraum über, dessen Kuppelchen als Baldachin ebenfalls auf Freisäulen ruht.

150 Breslau, Dom, Chor mit Elisabethkapelle (rechts) und Kurfürstenkapelle (links).

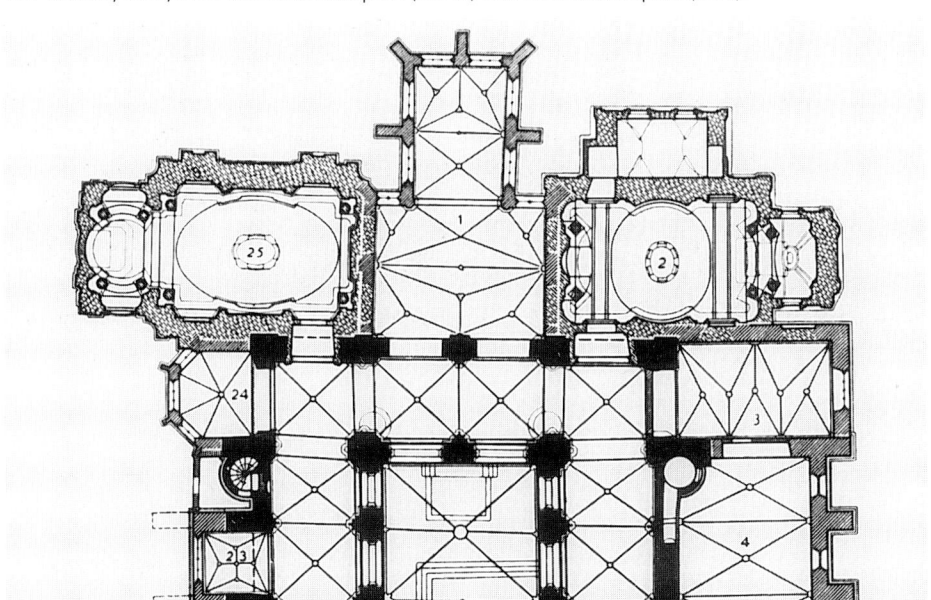

151 Breslau, Dom, Kurfürstenkapelle, Wölbezone.

Der Eindruck des kleinen, steil proportionierten Raumes wird jedoch nicht nur durch die Formen der Architektur bestimmt — und hier besonders durch den souverän abgestuften Einsatz von Säule und Pilaster —, sondern sehr wesentlich durch die dichte Textur seiner Oberfläche (stuccolustro, Skulptur, Malerei, Ornament) und die schwere, «römische» Farbigkeit der Raumgrenzen, in der rötliche Töne und Gold dominieren. Ob Fischer auch für diese eindrucksvolle Form der Ausstattung verantwortlich war, wissen wir nicht. Im Gegensatz zum Außenbau — der in seiner kubisch-additiven Struktur der zeitgleichen Karlskirche durchaus entspricht — fällt jedenfalls auf, daß der Innenraum in einem gewissen Gegensatz zu gleichzeitigen Werken Fischers steht, in denen eine eher klassisch-strenge Formensprache vorherrscht.

Ab 1718   Wien VII, Hofstallungen

Auftraggeber: Kaiser Karl VI.

Im Zuge des von Karl VI. betriebenen Ausbaues der kaiserlichen Hofburg – bei dem selt-
samerweise die eigentlichen Wohn- und Repräsentationsräume des Herrschers bis zuletzt ausgeklammert geblieben sind – war auch der Neubau eines Marstalls (für 600
Pferde) nötig. Bislang waren die Pferde und Kutschen des Hofes provisorisch in verschiedenen, auch privaten, Bauten der Innenstadt untergebracht gewesen, was zunehmend
zu Unzukömmlichkeiten geführt hatte. Im September 1718 fällt eine – auch für das Gesamtkonzept der Hofburg – folgenreiche Entscheidung: auf eine Anfrage bezüglich der
«zu Ihro Kays. Majestät Dienste zu erbauen vorhabenden Stallungen» genehmigt der
Hofkriegsrat *«das projectirte Stallungsgebäu, so bereits ausgesteket»* nach eingereich-

152   Wien, Hofstallungen, Lageplan September 1718 (Wien, Kriegsarchiv).

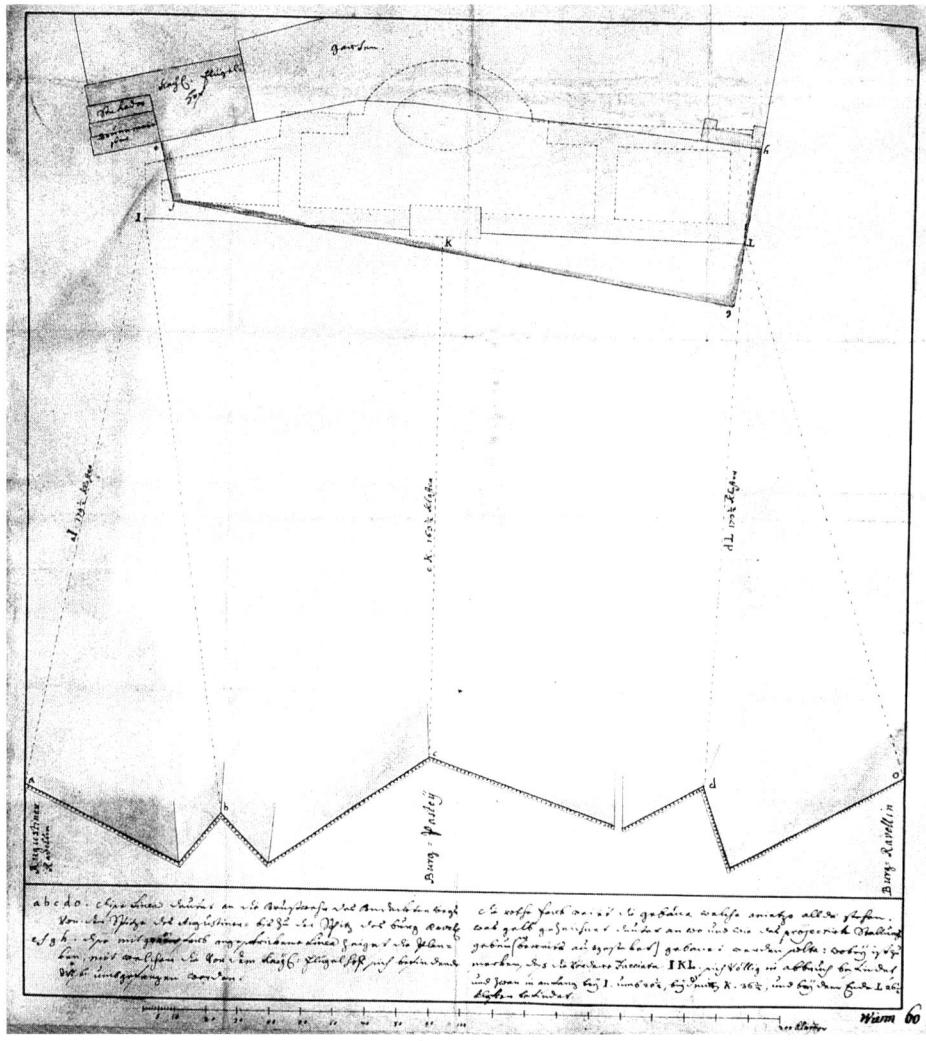

tem Plan – nicht ohne Bedenken, denn ein Teil der projektierten Anlage lag innerhalb jener Zone von 200 Klaftern (ca. 380 m) vor den Mauern der Stadt, die aus Gründen der militärischen Sicherheit unverbaut bleiben sollte. Penibel vermerkt der Plan die Abweichungen von den militärischen Notwendigkeiten, doch fügt sich die Behörde schließlich den Wünschen des Kaisers und des Hofarchitekten Fischer.

Aus diesem frühesten Dokument zur Planungsgeschichte ergibt sich zweierlei :

1. Offensichtlich wurden Lage und Ausrichtung der gewaltigen Anlage – die Fassade ist mehr als 300 Meter breit – nicht vom Hofkriegsrat diktiert, sondern konnten von Fischer einigermaßen frei gewählt werden. Da der Bau genau vis-à-vis der Hofburg liegt, kann man ein übergeordnetes Planungskonzept für das gesamte Areal vermuten. Dabei fällt auf, daß der lange Fassadentrakt nicht auf die damalige Vorstadtfassade der Burg («Leopoldinischer Trakt») bezogen, sondern leicht verschwenkt wurde – und damit weitgehend parallel zur Hofbibliothek liegt, die Fischer kurz danach neu gestaltet hat. Auch zielt die Mittelachse der Stallungen nicht auf das damalige Portal zur Vorstadt, sondern genau auf den mittelalterlichen Kernbau der Hofburg. Damit ergeben sich zumindest vage Anhaltspunkte zur Rekonstruktion von Fischers großer Gesamtplanung für die Hofburg, von der zeitgenössische Quellen berichten, zu der jedoch keine authentischen Pläne bekannt sind.

2. Der auf dem Genehmigungsplan von 1718 ersichtliche Grundriß der Stallungen selbst entspricht zwar grundsätzlich der von Fischer 1721 in seiner «Historischen Architektur» veröffentlichten Vogelschau (breitgelagerte Anlage mit drei weiten Höfen, rechteckiger Mittelbau, Hofabschluß durch Exedra), ist jedoch wesentlich einfacher gehalten, die Höfe sind weniger tief, die Verbauung nimmt Rücksicht auf den (links oben)

153 Wien, Hofburg und Hofstallungen, Lageplan um 1770.

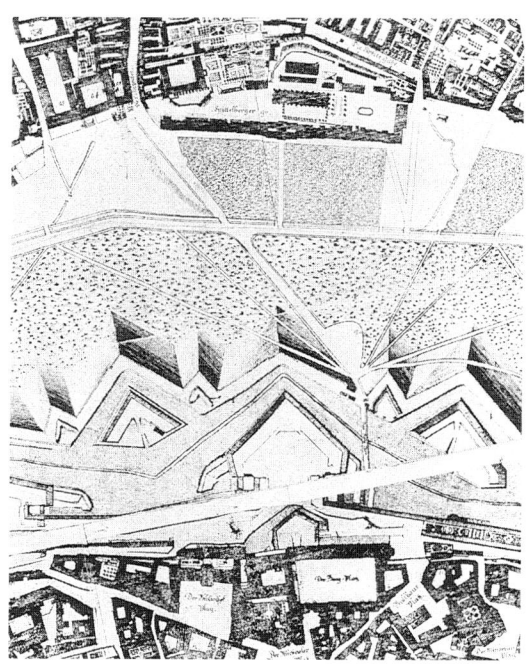

161

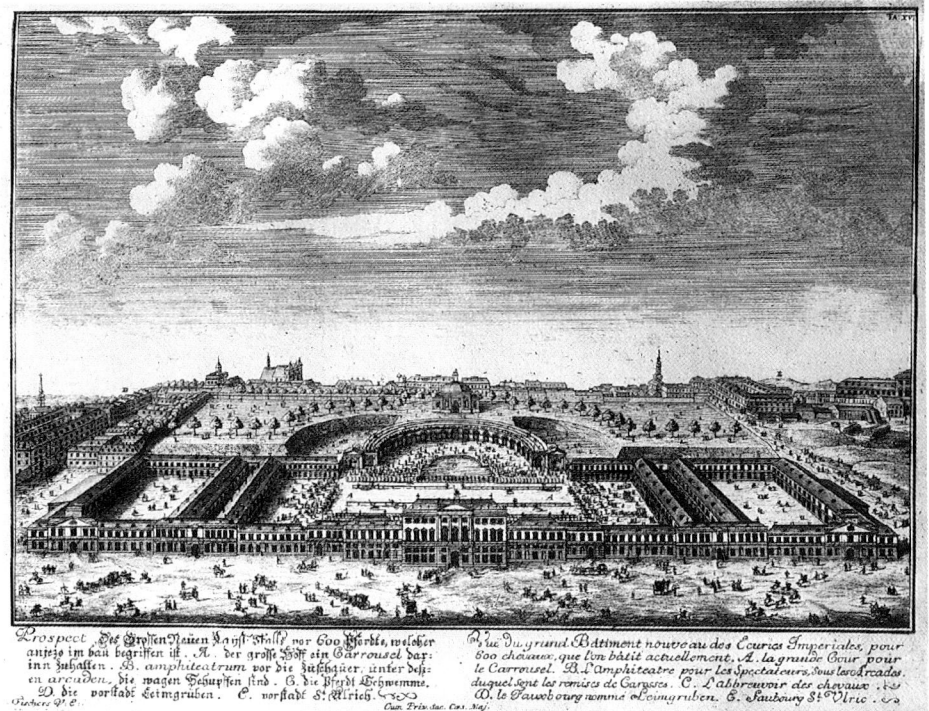

Prospect des Großen Neuen Kunst-Stalls vor 600 Pferde, welcher anjezo im bau begriffen ist. A. der grosse Hoff ein Carrousel dar inn zuhalten. B. amphiteatrum vor die Zuschauer. unter deßen arcaden. die wagen Schupfen sind. C. die Pferdt Schwemme. D. die vorstadt Leimgruben. E. vorstadt St. Ulrich.

Vue du grand Bâtiment nouveau des Ecuries Imperiales, pour 600 chevaux, que l'on bâtit actuellement. A. la grande Cour pour le Carrousel. B. l'Amphiteatre pour les Spectateurs, sous les arcades, duquel sont les remises de Carosses. C. l'abbreuvoir des chevaux. D. le Fauxbourg nommé Leimgruben. E. Fauxbourg St. Ulric.

154 Wien, Hofstallungen, Idealansicht («Historische Architektur», Bd. IV, Tf. 16).

155 «Domus Aurea Neronis» («Historische Architektur», Bd. II, Tf. 4).

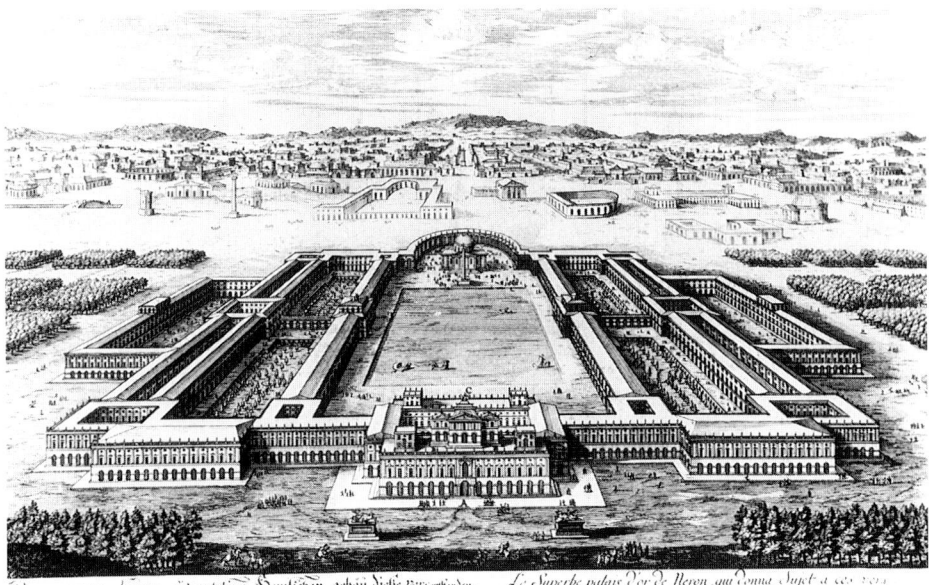

Domus aurea Neronis. aus welchem Herrlichen gebäu diese Vers entstanden.
Roma domus fiet: Vejos migrate Quirites
si non et Vejos occupat illa Domus.

Le Superbe palais d'or de Neron, qui donna sujet à ces vers

156 Wien, Hofstallungen, Detail der Fassade.

hier bereits bestehenden Kaiserlichen Geflügelhof. Nach diesem Plan – der 1718 bereits «*ausgesteket*» war – wurde denn auch sogleich mit dem Bau begonnen. Fischers imposante Vogelschau ist also kein reales Bauprojekt, sondern eine ideal-verregelmäßigend geschönte Vision, die denn auch primär klarlegen soll, daß der Künstler sein Werk in der Tradition antik-imperialer Großbauten sieht. Tatsächlich kommt etwa seine freie Rekonstruktion der römischen «Domus Aurea» Neros in der «Historischen Architektur» dem Plan für die Stallungen nahe – eigene Formvorstellungen und antike Anregung sind in beiden Blättern in schwer trennbarer Weise miteinander verbunden.

Die lange Fassade der Stallungen ist zur Mitte hin gestaffelt – im zentralen Risalitblock war zugleich die Wohnung des Oberstallmeisters vorgesehen – und durch unterschiedlich gestaltete Risalite und Pavillons gegliedert und unterteilt. Die zumeist strengen architektonischen Details gehen zum Teil bereits auf Fischers Sohn Joseph Emanuel zurück, der ab 1722 die Bauleitung übernahm.

Nach mehrfachen Veränderungen sind heute die Trakte der Fassade im wesentlichen noch in originaler Form erhalten. Die bevorstehende Umgestaltung zu einem Ausstellungszentrum wird erhebliche Veränderungen und Beeinträchtigungen des Baubestandes mit sich bringen.

Ab 1720 Wien III, Gartenpalais Schwarzenberg, Umbau
Auftraggeber: Adam Franz Fürst Schwarzenberg

Fürst Schwarzenberg, der Fischer bereits zuvor mit Planungen für seinen Stadtpalast betraut hatte (vgl. S. 140), erwarb 1716 den Gartenpalast Mansfeld-Fondi, den Johann Lucas von Hildebrandt ab 1697 errichtet, aber nicht fertiggestellt hatte. Insbesondere der Saal im Zentrum der Anlage bestand damals nur in rohen Mauern, auch die Innenausstattung war noch nicht vollendet.

Für den ab 1720 mit der Planung betrauten Fischer ergab sich damit die Chance, einen Bau seines Rivalen Hildebrandt zu verändern und in seinem Sinne zu vollenden. Eine in der Geschichte der Wiener Barockarchitektur durchaus pikante Konstellation – wobei noch hinzutritt, daß Hildebrandt sich seinerzeit recht unverhohlen der frühen Lustgartengebäude-Ideen Fischers bedient und diese in seinem Sinne abgewandelt hatte.

Fischers planerische Korrektur am Werk seines Rivalen mußte sich – notgedrungen – auf die Gliederung des Saales konzentrieren. Im Inneren verwirft er die von Hildebrandt konzipierte tektonisch ruhige Gliederung und setzt den einfachen Pilastern in scharfem Kontrast steil proportionierte Hermenatlanten auf hohen Sockeln entgegen. Kontrast bestimmt – im Rahmen des Möglichen – auch die Neugestaltung am Außenbau. Hildebrandt hatte in der für ihn typischen Weise eine den ganzen Bau gleichmäßig umziehende, flächendekorierende Gliederung vorgesehen und damit den kräftig vortreten-

157 Wien, Gartenpalais Schwarzenberg, Gartenfassade (Zeichnung von S. Kleiner, um 1730).

158 Wien, Gartenpalais Schwarzenberg, Gartenfassade, Mittelrisalit.

den Saalrisalit an der Gartenseite in die Gesamtfassade einzubinden versucht. Fischer vergrößert hingegen die Tür- und Fensteröffnungen im Bereich des Risalits, setzt einfach gerahmte Rundbögen an die Stelle der dekorumfangenen Ädikulen und läßt die Öffnungen der oberen Zone kräftig in das Gebälk einschneiden – all dies bautechnisch einfache Maßnahmen, die jedoch, soweit eben möglich, den Kontrast zwischen Mitte und Flanken verstärkt und den Gesamtcharakter des Palastes grundlegend geändert haben.

Vor 1722   Wien I, Hofbibliothek

Auftraggeber: Kaiser Karl VI.

Der Bau der Hofbibliothek ist untrennbar — aber in einer bis heute in wesentlichen Punkten noch ungeklärten Weise — mit der Frage verbunden, ob und ab wann Karl VI. und sein Hofarchitekt Fischer eine grundlegende Neugestaltung der kaiserlichen Hofburg geplant haben oder wie das Projekt einer solchen Modernisierung ausgesehen haben könnte. Seit dem über ein halbes Jahrhundert zurückliegenden Neubau des Leopoldinischen Traktes (ab 1660) war an dem historisch gewachsenen Baukonglomerat der Hofburg nichts neu gebaut und kaum neu geplant worden — höchst erstaunlich und schwer erklärbar für die wichtigste Residenz Mitteleuropas im Zeitalter des Absolutismus.

159 Wien, Hofburg und Hofbibliothek («No. 6»), Lageplan 1745.

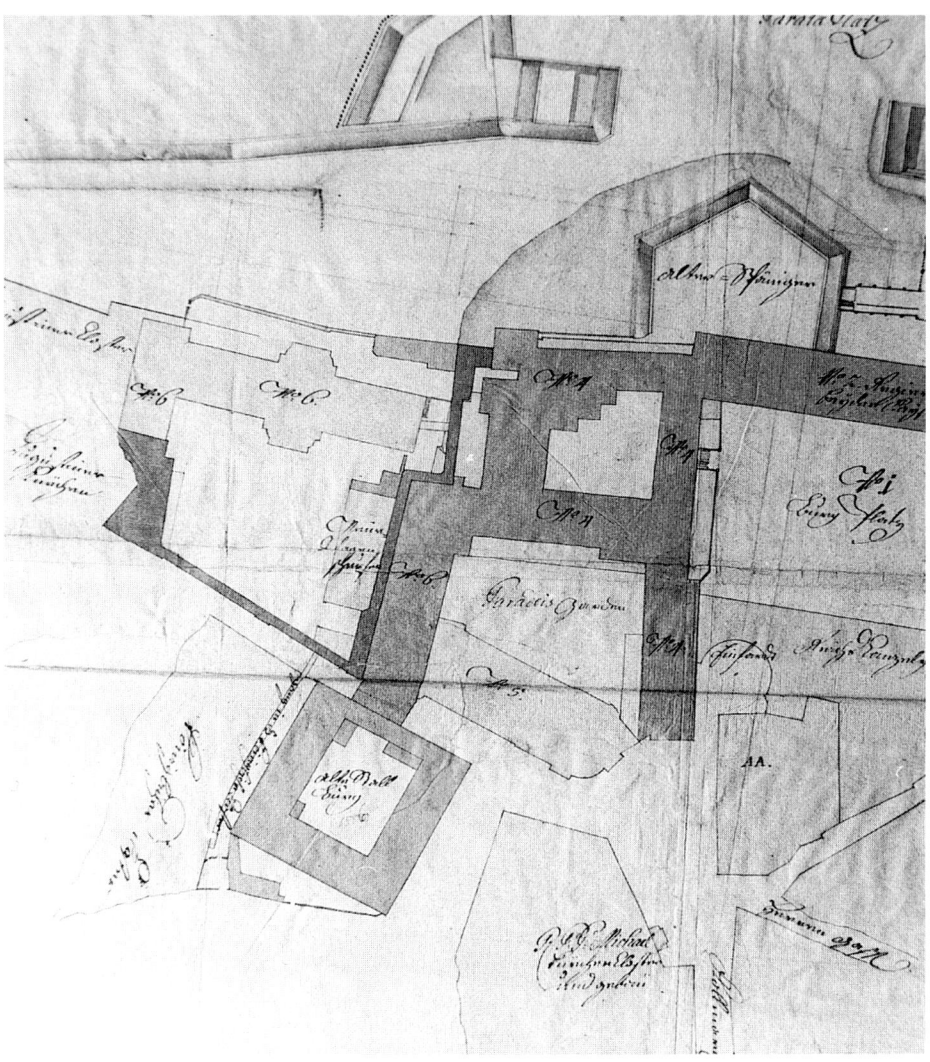

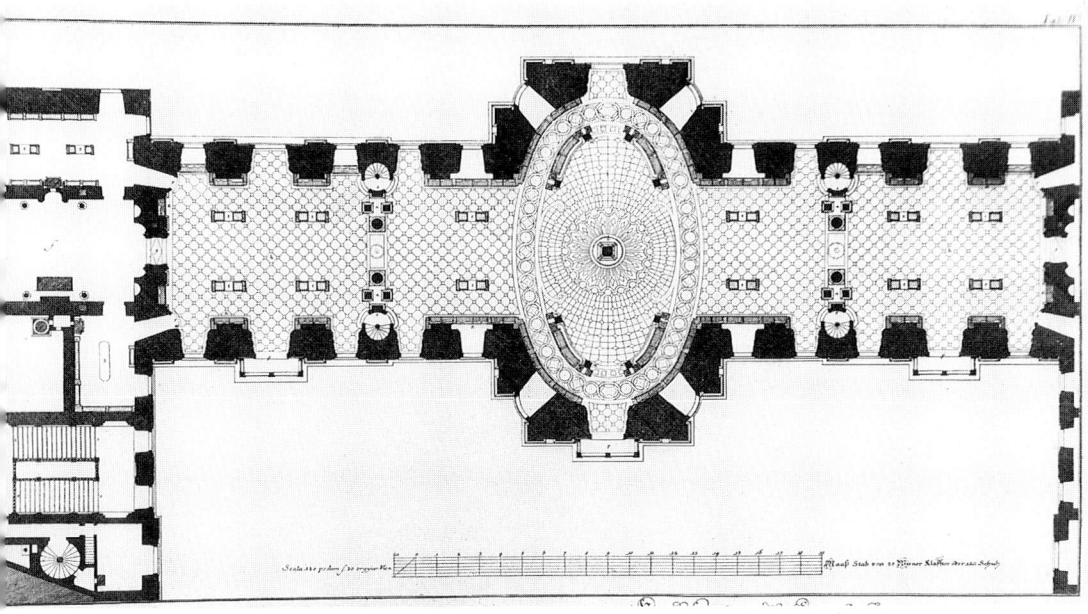

160 Wien, Hofbibliothek, Grundriß (Stich von S. Kleiner 1737).

161 Wien, Hofbibliothek, Fassade.

162 Wien, Hofbibliothek, Fassade, Detail.

Die Planungs- und Baugeschichte der Bibliothek ist jedenfalls im Zusammenhang der übrigen Neubauten Karls VI. in diesem Bereich zu sehen (Österreichische Hofkanzlei, ab 1717; Hofstallungen, ab 1718), die in den zwanziger Jahren des 18. Jahrhunderts dann mit der Winterreitschule, dem Reichskanzleitrakt und der Michaelerfront ihre Fortsetzung finden.

Der reiche Bücherbestand der Habsburger war im frühen 18. Jahrhundert notdürftig und völlig unzureichend in einigen Räumen des Reichskanzleitraktes untergebracht gewesen. Bereits 1716 berichtet Leibniz von einer (durch Fischer?) in Planung befindlichen Bibliothek, die Entscheidung zum Bau fällt de facto jedoch erst 1722. Nun wurde festgelegt — von wem, wissen wir nicht —, die neue Bibliothek unter Wiederverwendung eines bereits 1681 östlich der Hofburg begonnenen, aber unvollendet gebliebenen Reitschulbaues zu errichten, und zwar im darüberliegenden ersten Geschoß; bereits Leopold I. hatte hier die Unterbringung der Bibliothek vorgesehen gehabt.

Fischer war in seinem Entwurf — der dokumentarisch nicht gesichert ist, aber nie ernsthaft angezweifelt wurde — also an das bereits bestehende Mauerwerk gebunden; dies ist bei der Würdigung des Baues zu berücksichtigen — sowohl im Hinblick auf seine Stellung zur Hofburg (1) als auch auf die architektonische Gliederung von Außen- und Innenbau (2):

Ad (1): Da sowohl Lage und Ausrichtung als auch die Größe des neuen Traktes bereits vom Vorgängerbau vorgegeben waren, muß man entweder annehmen, daß der Architekt (sicher nicht ohne Absprache mit dem Auftraggeber) von hier aus eine übergreifende Planung für die gesamte Hofburg entwickeln wollte — wofür die exakt parallel dazu neu errichteten Hofstallungen sprächen —, oder aber, daß von vorneherein an einen nur punktuellen Ausbau einzelner Trakte ohne übergreifendes, axial geordnetes Gesamtkonzept gedacht war. Authentische Unterlagen über Fischers diesbezügliche Absichten haben sich nicht erhalten.

Tatsächlich war die Hofbibliothek nach ihrer Fertigstellung weder formal noch funktional mit der anschließenden Hofburg verbunden; eine Bauaufnahme von 1745 zeigt den Bau isoliert und in leichter Schrägstellung neben dem Kernbau der Burg («Schweizerhof»), der Zugang erfolgte durch einen linker Hand asymmetrisch angesetzten Treppentrakt, der dem hier anschließenden Augustinerkloster lose eingegliedert worden war.

Schon kurz nach Baubeginn der Bibliothek fiel dann die Entscheidung, den künftigen Ausbau der Burg nach den Achsen des Leopoldinischen und Reichskanzlei-Traktes auszurichten; und damit war Fischers Bibliothek, der einzig «moderne» und künstlerisch aufwendig gestaltete Bau im Burgbereich, schon lange vor seiner 1737 erfolgten Vollendung gleichsam ins Abseits geraten — eine reichlich kuriose und noch immer weitgehend unverständliche Konstellation. Für alle folgenden Gesamtplanungen der Hofburg seit 1724 (J. L. von Hildebrandt, J. E. Fischer von Erlach, B. Neumann, J. N. Jadot, N. Pacassi) war die Bibliothek jedenfalls zu einem «Störfaktor» ersten Ranges geworden, der einem axial geregelten Konzept buchstäblich im Wege stand.

Erst Pacassis Umgestaltung des davorliegenden Platzes (ab 1766) hat den bis dahin isolierten Bau Fischers in einen etwas weiter ausgreifenden Rahmen integriert, damit aber auch gänzlich aus dem eigentlichen Residenzareal herausgelöst (vgl. Abb. 33).

Ad (2): Die vorgegebene längsrechteckige Grundform hat Fischer grundsätzlich beibehalten und die seitlichen Risalite gleichsam nur an die Wand «gezeichnet». Hingegen tritt der längsovale Saal in der Mitte kräftig vor — und wird zusätzlich durch den kuppeligen Dachaufbau als eigenständiger Baukörper definiert —, bleibt aber durch seine abgeplattete Frontwand, die das Oval verkleidet, dem flächenbetonten Gesamtcharakter eingebunden. Erstaunlich streng, fast proto-klassizistisch geschichtet, sind auch die Detailformen der Fenster; lediglich die drei großen Rundbogenfenster im oberen Geschoß zeigen «barocke» Umrahmungen. Bei gegebener Quellenlage ist kaum zu entscheiden, welche Detailformen noch auf Fischer selbst zurückgehen und welche sein 1722 aus Frankreich zurückgekehrter Sohn Joseph Emanuel hier eingebracht hat, der von Anfang an in Vertretung seines bereits schwer kranken Vaters die Bauleitung innehatte. In jedem Fall wird er die Pläne im Sinne der eben studierten Baukunst Frankreichs überarbeitet haben.

163 Wien, Hofbibliothek, Schnitt durch den Saal (Stich von S. Kleiner 1737).

Der über die Höhe beider Obergeschosse reichende Innenraum ist von völlig anderem Charakter: das — am Außenbau gleichsam unterdrückte — Rund des mächtigen Ovalraumes dominiert hier eindeutig. Hinter den dunklen Bücherregalen, die an Stelle einer «regulären» Gliederung mit architektonischen Ordnungen die Wände besetzen, wächst die mächtig geblähte Wölbung ansatzlos hervor und war ursprünglich nach beiden Seiten ohne Zäsur in zweiachsige Anräume ausgeweitet (seit 1766 ist dieser Raumeindruck durch die statisch notwendig gewordene Gurtbogen-Pilaster-Substruktion empfindlich gestört). Frei in den Raum gestellte Säulen trennen an beiden Seiten dreiachsige Räume ab. Sie sind ikonographisch dem Krieg und dem Frieden zugeordnet, während im Kuppelraum die Apotheose Karls VI. als Schirmherr der Künste und Wissenschaften die Widmung des Baues verdeutlicht. Die Fresken schuf Daniel Gran von 1726 bis 1730 nach einem «concetto» des Hofgelehrten Conrad Adolph von Albrecht; die durch die architektonische Umgestaltung des Kuppelraumes notwendig gewordenen Veränderungen und Erweiterungen gehen auf Franz Anton Maulpertsch zurück (1769).

164 Wien, Hofbibliothek, Einblick in den Saal.

Zeittafel

1656	Juli, Geburt in Graz als Sohn des Bildhauers Johann Baptist Fischer; in dessen Atelier erste Ausbildung.
Ab 1671	(vielleicht auch erst einige Jahre später) Studienaufenthalt in Rom. Lehrzeit im Atelier von Johann Paul Schor (Giovanni Paolo Tedesco), zunächst als Bildhauer, dann Ausbildung zum Architekten. Studium im Umfeld der «Accademia di San Luca», Kontakte zu führenden Künstlern und Gelehrten der Zeit (Gianlorenzo Bernini und seine Schule, Pietro Bellori, Athanasius Kircher usw.).
Ab 1683	Aufenthalt in Neapel.
1686/87	Rückkehr nach Österreich.
1687	Erste Arbeiten für Graz (Stuckausstattungen: Graz, Mausoleum Kaiser Ferdinands II.; Ehrenhausen, Mausoleum Eggenberg). Übersiedlung nach Wien; Fischer behält hier seinen Wohnsitz bis zu seinem Tod (1723). Zunächst unterschiedliche Arbeiten auf verschiedenen Gebieten (Skulpturen, Medaillen, Entwürfe für Altäre, Gärten u. a. m.). Wien, Entwürfe für die Pestsäule am Graben.
1688	Erste architektonische Werke: Frain/Vranov nad Dyjí, Ahnensaal; Wien, Gartenpalast und «Belvedere» Liechtenstein. Idealentwurf für Schloß Schönbrunn.
1689	Ernennung zum Architekturlehrer des Thronfolgers Joseph.
1690	Wien, Ehrenpforten für den Einzug Josephs I. Vermählung mit Sophia Konstantia Morgner.
1691	Kurzer Aufenthalt in Prag.
Um 1691/93	Zahlreiche Entwürfe für Gartenpaläste und Lust-Gebäude (Leeb, Althan, Schlick-Eckardt in Wien; Starhemberg in Niederweiden).
1692/93	Stadt- und Gartenpalast für Graf Strattmann in Wien.
1693	Fischer hat nach eigener Aussage «vierzehn große Werke unter Handten». Geburt des Sohnes Joseph Emanuel.
Ab 1694	De facto Ernennung zum «Hofarchitekten» des Salzburger Erzbischofs Graf Thun. In rascher Folge Planung und Bau von vier großen Kirchen in Salzburg, die das Bild der Stadt auch heute noch wesentlich bestimmen: Dreifaltigkeitskirche, Kollegienkirche, Johannesspitalkirche, Ursulinenkirche.

1696	Wien, Beginn der Arbeiten am Stadtpalast des Prinzen Eugen.
	Wien, Schloß Schönbrunn, Ausführungsentwurf.
	Verleihung des Adelstitels «von Erlach».
1699	Wien, Ehrenpforten zum Einzug Josephs I. und seiner Gemahlin.
	Wien, Stadtpalais Batthyány.
Um 1702	Schloß Klesheim bei Salzburg.
1704	Reise nach Berlin (Entwurf zu einem Lustschloß für König Friedrich I. in Preußen; Studium der Werke Schlüters).
	Anschließend vielleicht kurze Reise nach England?
1705	Zweite Vermählung, mit Sophia Franziska Willer.
	Bestellung zum Oberinspektor über sämtliche kaiserlichen «Hof- und Lustgebäude».
Ab 1705	Verstärkte Arbeit am Stichwerk «Entwurff einer Historischen Architectur».
1709	Salzburg, Hochaltar der Franziskanerkirche.
	Wien, Böhmische Hofkanzlei.
Ab 1710	Wien, Gartenpalast Trautson.
1711	Wien, Trauergerüste für Kaiser Joseph I.
1712	Widmung einer ersten Version der «Historischen Architectur» an Kaiser Karl VI.
	Bestätigung und Weiterbestellung als Oberinspektor der Kaiserlichen Bauten.
Ab 1713	Prag, Palais Gallas.
	Leibniz schlägt Fischer als Mitglied für eine geplante «Kaiserliche Akademie der Wissenschaften» in Wien vor.
1714	Prag, St. Joseph, Grabmal Wratislaw von Mitrowitz.
Ab 1715	Wien, Karlskirche.
1715/16	Breslau, Dom, Kurfürstenkapelle.
1718	Kurzer Aufenthalt in Venedig.
Ab 1718	Wien, Hofstallungen; spätestens ab diesem Zeitpunkt auch Gesamtplanung für das Areal der Hofburg.
1721	Veröffentlichung des Stichwerkes «Entwurff einer Historischen Architectur» in Wien.
1722	Wien, Hofbibliothek.
	Schwere Erkrankung; Fischers Sohn Joseph Emanuel wird von seiner Studienreise aus Frankreich zurückgerufen, um die Bauten seines Vaters fortzuführen.
1723	April, Tod Fischers in Wien.

Bibliographie

Allgemeine Bibliographie

H. Aurenhammer, J. B. Fischer von Erlach, London 1973.

Ausstellungskatalog «Johann Bernhard Fischer von Erlach» (hrsg. v. H. Aurenhammer), Graz/Wien/Salzburg 1956/57.

G. Brucher, Barockarchitektur in Österreich, Köln 1983.

J. B. Fischer von Erlach, Entwurff einer Historischen Architectur, Wien 1721 (Reprint Dortmund 1978).

D. Frey, Johann Bernhard Fischer von Erlach – Eine Studie über seine Stellung in der Entwicklung der Wiener Palastfassade, in: Wiener Jahrbuch für Kunstgeschichte N. F. I, 1921/22, S. 93–214.

B. Grimschitz, Johann Lucas von Hildebrandt, Wien 1959.

A. Ilg, Leben und Werke Johann Bernhard Fischers von Erlach, Wien 1895.

A. Kreul, Die Barockbaumeister Fischer von Erlach, Bibliographie zu Leben und Werk, Wiesbaden 1988.

G. Kunoth, Die Historische Architektur Fischers von Erlach, Düsseldorf 1956.

H. Lorenz, Domenico Martinelli und die österreichische Barockarchitektur, Wien 1991.

H. Sedlmayr, Österreichische Barockarchitektur, Wien 1930.

H. Sedlmayr, Johann Bernhard Fischer von Erlach, Wien 1976[2].

Th. Zacharias, Joseph Emanuel Fischer von Erlach, Wien 1960.

Bibliographie zu den einzelnen Objekten

Die beiden am häufigsten zitierten Standardwerke werden hier wie folgt abgekürzt:

Kat. 1956/57 = Ausstellungskatalog «Johann Bernhard Fischer von Erlach» (hrsg. v. H. Aurenhammer), Graz/Wien/Salzburg 1956/57.

Sedlmayr 1976 = H. Sedlmayr, Johann Bernhard Fischer von Erlach 1976[2].

Graz, Mausoleum Kaiser Ferdinands II., Stuckausstattung Kat. 1956/57, S. 42; Sedlmayr 1976, S. 34, 236 f.

Wien, Pestsäule am Graben Kat. 1956/57, S. 38–41; Sedlmayr 1976, S. 33 f.; 237–239; M. Koller, Die Wiener Pestsäule, Wien 1982 (= Restauratorenblätter, Bd. 6).

Eisgrub/Lednice, Stallungen Kat. 1956/57, S. 46–48; Sedlmayr 1976, S. 48 f., 241 f.; H. Lorenz, Fischer von Erlachs «Schloß der Rosse» in Eisgrub, in: Ausst.Kat. «Joseph Wenzel von Liechtenstein» (hrsg. v. R. Baumstark), Vaduz/Einsiedeln 1990, S. 70–81.

Wien XII, Schloß Schönbrunn, Erster Entwurf Kat. 1956/57, S. 83–86; O. Raschauer, Schönbrunn – der Schloßbau Kaiser Josefs I., Wien 1960; H. Sedlmayr, 1688 – Zu Oskar Raschauers Frühdatierung des «premier projet» für Schönbrunn, in: JB f. Landeskunde v. N. Ö., N. F. XXXVI, 1964, S. 696–710; Sedlmayr 1976, S. 52 f., 245 f.; G. Hajós, Schönbrunn, Wien/Hamburg 1976.

Ehrenhausen, Mausoleum, Stuckausstattung Kat. 1956/57, S. 55; Sedlmayr 1976, S. 43 f., 246.

Wien IX, Gartenpalast (Projekt) und «Belvedere» Liechtenstein Kat. 1956/57, S. 43–46; Sedlmayr 1976, S. 46 f., 91 ff., 239, 263; H. Lorenz, Ergänzungen zu Fischers «Belvedere Liechtenstein», in: Wiener JB f. KG XXXVIII 1985, S. 233–238.

Entwurf für ein Bergschloß («Landgebäude») Kat. 1956/57, S. 99–102; Sedlmayr 1976, S. 50 ff., 240.

Frain/Vranov nad Dyji, Ahnensaal Kat. 1956/57, S. 48 ff.; Sedlmayr 1976, S. 49 f., 242 ff.; E. Hubala, J. M. Rottmayr, Wien 1981, S. 136–141.

Wien, Ehrenpforten für Joseph I. Kat. 1956/57, S. 50–55; Sedlmayr 1976, S. 56 ff., 246 f.; F. Polleross, Sonnenkönig und Österreichische Sonne, in: Wiener JB f. KG XL, 1987, S. 239–256.

Brünn/Brno, Brunnen auf dem «Krautmarkt» J. Leisching, J. B. Fischer von Erlach und der Krautmarktbrunnen in Brünn, Brünn 1897; Kat. 1956/57, S. 55 f.; Sedlmayr 1976, S. 247 f.

Wien IX, Gartenpalais Althan Kat. 1956/57, S. 68 ff.; Sedlmayr 1976, S. 54 f., 244; R. Schneider, Der erste Entwurf des Gartenpalais Althan von J. B. Fischer von Erlach, in: Österr. ZS f. Kunst u. Denkmalpfl. XXXII, 1978, S. 94–98.

Wien II, Gartenpalais Leeb im Augarten Sedlmayr 1976, S. 94; W. G. Rizzi, Das Augarten-Palais in Wien – zur Baugeschichte, in: Österr. ZS f. Kunst u. Denkmalpfl. XXXVII, 1983, S. 12–27.

Wien I, Stadtpalais Strattmann Kat. 1956/57, S. 56 ff.; Sedlmayr 1976, S. 79 f., 250.

Wien XVII, «Lustgebäude» Strattmann Kat. 1956/57, S. 58 ff.; Sedlmayr 1976, S. 81, 250 f.

Niederweiden, Jagdschloß Starhemberg Kat. 1956/57, S. 56 ff.; Sedlmayr 1976, S. 85 f., 257.

Salzburg, Portal des Hofmarstalls Kat. 1956/57, S. 63–66; Sedlmayr 1976, S. 97 f., 254 f.

Salzburg, Lustgebäude im Park von Schloß Klesheim («Hoyos-Stöckl») Kat. 1956/57, S. 196 f.; Sedlmayr 1976, S. 259 f.

Salzburg, Priesterseminar und Dreifaltigkeitskirche Kat. 1956/57, S. 70–75; Sedlmayr 1976, S. 98 f., 256 f.; E. Hubala, J. M. Rottmayr, Wien 1981, S. 143 f.; Sonderheft «Salzburg, Dreifaltigkeitskirche» (hrsg. v. F. Wagner; = Barockhefte, 2), Salzburg 1990.

Maria Kirchenthal bei Lofer, Wallfahrtskirche Kat. 1956/57, S. 75 ff.; Sedlmayr 1976, S. 257 f.

Salzburg, Johannesspital und Kirche Kat. 1956/57, S. 111–116; Sedlmayr 1976, S. 108, 269 f.

Wien VIII, Gartenpalais Schlick-Eckardt K. Bielohlawek, Ein zerstörter und vergessener Gartenpalast J. B. Fischers von Erlach, in: Belvedere VII, 1925, S. 33–40; Kat. 1956/57, S. 81 ff.; Sedlmayr 1976, S. 82 f., 251.

Wien XII, Schloß Schönbrunn, Ausführungsentwurf Kat. 1956/57, S. 86–90; O. Raschauer, Schönbrunn – der Schloßbau Kaiser Josefs I., Wien 1960; Sedlmayr 1976, S. 95 ff.; 252 ff.; G. Hajós, Schönbrunn, Wien/Hamburg 1976.

Prag, Palais Thun, Portal V. Naňková, Fischer z Erlachu v Thunovské korespondenci, in: Umění XXXI, 1983, S. 334–339.

Salzburg, Kollegienkirche Kat. 1956/57, S. 90–99; Sedlmayr 1976, S. 105 ff., 258 f.; H. Sedlmayr, Neue Ergebnisse zur Kollegienkirche, in: JB d. Univ. Salzburg 1977–1979, S. 97–111; V. Herzner, J. B. Fischer von Erlachs Kollegienkirche in Salzburg, in: architectura 17, 1988, S. 92–115.

Wien I, Stadtpalais des Prinzen Eugen Kat. 1956/57, S. 107–111; Sedlmayr 1976, S. 100 f., 261 f.; B. Mauhart (Hrsg.), Das Winterpalais des Prinzen Eugen, Wien 1979; H. Lorenz, Einige unbekannte Ansichten Salomon Kleiners aus dem Stadtpalast des Prinzen Eugen, in: Wiener JB f. KG XL, 1987, S. 223–234.

Frain/Vranov nad Dyjí, Schloßkapelle K. Bielohlawek, Fischer von Erlach und das Bergschloß Frain, in: Wiener JB f. KG 1926, S. 150 ff.; Kat. 1956/57, S. 116 f.; Sedlmayr 1976, S. 264.

Wien, Triumphpforten zum Einzug Josephs I. Kat. 1956/57, S. 117–120; Sedlmayr 1976, S. 110 f., 266 f.

Salzburg, Kirche und Kloster der Ursulinen Kat. 1956/57, S. 120 ff.; Sedlmayr 1976, S. 107, 268 f.

Wien I, Stadtpalais Batthyány (später: Schönborn) F. Windisch-Grätz, Urkunden zur Geschichte des Palais Batthyány-Schönborn in Wien, in: Wiener JB f. KG XVII, 1956, S. 116–125; Kat. 1956/57, S. 122–125; Sedlmayr 1976, S. 100–102, 265.

Salzburg, Schloß Klesheim Kat. 1956/57, S. 125–130; H. Sedlmayr, Bemerkungen zu Schloß Klesheim, in: Mitteil. d. Ges. f. Salzb. Landesk. 109, 1969, S. 253–273; Sedlmayr 1976, S. 125 ff., 270 f.

Berlin, Entwurf für ein Lustschloß für König Friedrich I. Kat. 1956/57, S. 132 ff.; Sedlmayr 1976, S. 128, 272; S. Prösel – M. Kremin, Berlin um 1700 – Die Idealstadt Charlottenburg, Berlin 1984 (mit völlig überzogenen Spekulationen über die Bedeutung von Fischers Berlin-Aufenthalt).

Wien I, Hoher Markt, Josephssäule Kat. 1956/57, S. 134 ff.; Sedlmayr 1976, S. 129 f., 272.

Salzburg, Hochaltar der Franziskanerkirche Kat. 1956/57, S. 137 f.; Sedlmayr 1976, S. 151 f., 277.

Wien I, Umgestaltung des Palais Dietrichstein (später: Lobkowitz) Kat. 1956/57, S. 139 f.; Sedlmayr 1976, S. 153, 278; W. G. Rizzi, Das Portal der Stadtpfarrkirche in Laa/Thaya und J. B. Fischers Portal am Palais Dietrichstein in Wien, in: Österr. ZS f. Kunst u. Denkmalpfl. XXXI, 1977, S. 138–142.

Wien I, Böhmische Hofkanzlei Kat. 1956/57, S. 140–144; Sedlmayr 1976, S. 144 ff.; 276 f.

Wien VII, Gartenpalast Trautson Kat. 1956/57, S. 145–149; M. Krapf, Palais Trautson, Wien 1974; Sedlmayr 1976, S. 146 ff., 279 f.; P. Prange, Das Palais Trautson in Wien – stilistische und typologische Probleme, München (maschinenschriftl. Mag.arb.) 1988.

Wien I, Trauergerüst für Kaiser Joseph I. Kat. 1956/57, S. 151 ff.; Sedlmayr 1976, S. 155 f., 280 f.

Wien I, Stadtpalais Schwarzenberg, Entwurf für eine neue Fassade zur Kärntnerstraße Kat. 1956/57, S. 156 ff.; Sedlmayr 1976, S. 148 f., 282.

Prag, Palais Gallas (später: Clam-Gallas) D. Libal – A Beisetzer, Jan Bernard Fischer z Erlachu a Clam-Gallasuv palác v Praze, Prag 1956; Kat. 1956/57, S. 153 ff.; Sedlmayr 1976, S. 149 f., 282; Y. Carek, Z dějín staromestskych domu, in: Prazsky sborník historicky XI, 1978, S. 5–19.

Prag, St. Jakob, Grabmal Wratislaw von Mitrowitz Kat. 1956/57, S. 159 f.; Sedlmayr 1976, S. 157, 284; A. Laing, Fischer von Erlach's Monument to Wenzel, Count Wratislaw von Mitrowitz, in: Umění XXXIII, 1985, S. 204–218.

Herzogenburg, Entwürfe für die Stiftsanlage Kat. 1956/57, S. 177 ff.; Sedlmayr 1976, S. 169 f., 289 ff.; L. Pühringer-Zwanowetz, Ein Plan J. B. Fischers von Erlach für Herzogenburg, in: Wiener JB f. KG XXXIII, 1980, S. 186–190.

Wien XIV, Landhaus Huldenberg Kat. 1956/57, S. 149 ff.; Sedlmayr 1976, S. 280.

Wien IV, Karlskirche L. Popelka, Studien zur Wiener Karlskirche, in: Alte und Neue Kunst IV, 1955, S. 76–92; H. Sedlmayr, Die Schauseite der Karlskirche in Wien, in: Kunstgeschichtl. Studien für Hans Kauffmann, Berlin 1956,

S. 262–271 (danach noch mehrfach in verschiedenen Sammelwerken); Kat. 1956/57, S. 161–175; Sedlmayr 1976, S. 161–164, 174–184, 284ff.; E. Hubala, J. M. Rottmayr, Wien 1981, S. 171–174.

Breslau, Kurfürstenkapelle am Dom Kat. 1956/57, S. 175ff.; St. Mossakowski, Die Kurfürstenkapelle Fischers von Erlach im Breslauer Dom, in: Wiener JB f. KG XIX, 1962, S. 64–87; Sedlmayr 1976, S. 184ff.; 286f.

Wien VII, Hofstallungen Kat. 1956/57, S. 182ff.; Th. Zacharias, Joseph Emanuel Fischer von Erlach, Wien 1960, S. 77f.; Sedlmayr 1976, S. 188f., S. 293f.

Wien III, Gartenpalais Schwarzenberg, Umbau Kat. 1956/57, S. 180f.; B. Grimschitz, Johann Lucas von Hildebrandt, Wien 1959, S. 28–36; Sedlmayr 1976, S. 187f., 292f.

Wien I, Hofbibliothek Kat. 1956/57, S. 184–193; W. Buchowiecki, Der Barockbau der ehemaligen Hofbibliothek in Wien, ein Werk J. B. Fischers von Erlach, Wien 1957; S. Kleiner, Dilucida repraesentatio (Reprint des Stichwerkes von 1737, hrsg. v. W. Buchowiecki), Graz 1967; Sedlmayr 1976, S. 189–192, 294ff.; E. Knab, Daniel Gran, Wien 1977, S. 50–73.

Bildnachweis

Autor: 5, 9, 14–16, 25, 28, 32, 34, 43, 48, 51, 54, 56, 63, 67–69, 75, 76, 88, 90, 93, 99, 105, 107, 108, 111, 112, 117, 118, 127, 129, 134, 139, 143, 144, 146, 152, 155, 156, 162.

Autor, Archiv: 1, 2a–c, 8, 13, 17, 23, 24, 26, 31, 33, 35, 41, 46, 50, 53, 59, 62, 64, 71–74, 78, 79, 83, 87, 89, 91, 92, 94–96, 101, 103, 121, 123, 125, 126, 128, 136–138, 142, 147, 153, 154, 160, 163.

Berlin, Kunstbibliothek SMPK: 113, 159.

Berlin, Kunsthistorisches Institut der Freien Universität: 6, 10, 21, 38–40, 42, 44a–d, 77, 80, 81, 109, 110, 135, 150, 161.

Edinburgh, National Gallery of Scotland: 22.

Garmisch-Partenkirchen, Bildarchiv Huber: Umschlagbild.

Marburg, Foto Marburg: 60, 151.

München, Hubala: 39.

Paris, Galerie Cailleux: 104.

Rom, Foto Nannini: 3a–b.

Salzburg, Landesbildstelle: 82, 84–86.

Salzburg, Museum Carolino-Augusteum: 11, 12, 97.

Schaan (FL), Wachter: 49.

Stockholm, Nationalmuseum: 29.

Wien, Albertina: 7, 18–20, 58, 61, 116, 119, 120, 130, 133.

Wien, Bildarchiv der Österreichischen Nationalbibliothek: 55, 122, 157, 164.

Wien, Bundesdenkmalamt: 30, 36, 45, 47, 52, 98, 100, 102, 124, 131, 140, 145, 148, 149, 158.

Wien, Historisches Museum: 66, 132.

Wien, Kunsthistorisches Museum: 4.

Wien, Kunsthistorisches Institut der Universität: 115, 141.

Wolfenbüttel, Herzog-August-Bibliothek: 27.

Repro-Aufnahmen

Nach R. Schneider ÖZKD 1978: 65.

Nach H. Sedlmayr 1976: Frontispiz, 57, 70, 106, 114.